〔금강경 강의〕

때가 되면 꽃이 피니라

[금강경 강의]

때가 되면 꽃이 피니라

농타원 이양신 엮음

책을 펴내면서

《금강경》은 여래의 심법과 그 생활을 그대로 나투어 보이신 행적이다. 석가모니 부처님께서 49년 간《아함경》,《화엄경》등 여러 가지 경을 설하셨는데,《금강경》은 49년 중 21년 동안 설한 내용이다.

이렇듯 불경 중에 《금강경》의 위치가 가장 중요함을 알아야 한다. 특히 소태산 대종사께서 대각하신 후 모든 종교의 경전을 두루 열람하던 중 《금강경》을 보시고, "석가모니 부처님은 진실로 성인들 중의 성인"이라 하시고, "내가 스승의 지도 없이 도를 얻었으나, 발심한 동기로부터 도 얻은 경로를 돌아본다면 과거 부처님의 행적과 말씀에 부합되는 바 많으므로 나의 연원을 부처님에게 정하노라." 하시고, "장차 회상을 열 때에도 불법으로 주체를 삼아 완전무결한 큰 회상을 이 세상에 건설하리라."고 하셨다.

이와 같이 말씀하신 뜻을 마음속 깊이 간직하고《금강경》공부를 시작해야 한다. 좌산상사는 "지금 이해가 되지 않아 한 말 또 하고 한 말 또 한다고 생각하는 사람은 천만 년을

《금강경》 공부를 해도 《금강경》 도리는 알지 못한다."고 말씀하셨다.

'금강(金剛)'이란 굳어 단단하고 예리하여 날카로우며 가림이 없는 밝은 것이라고 할 수 있다. 금강의 단단한 것이 능히 모든 고집을 쳐부수고, 날카로운 것이 모든 번뇌망상(煩惱妄想)을 칼로 베어내듯 끊으며, 금강의 밝은 빛이 어둠을 밝힌다는 뜻이다.

'반야(般若)'는 진리에 맞는 가장 높은 지혜로 모든 부처님의 스승이요, 모든 부처님의 어머니로 상대와 차별을 관(觀)하여 중생을 제도하는 힘과 방편을 겸하여 갖춘 그 지혜이다.

'바라밀(波羅蜜)'은 보시, 지계, 인욕, 정진, 선정, 지혜의 육바라밀로, 괴로운 범부의 이 언덕에서 편안한 부처의 저 언덕으로 건너간다는 뜻이다.

'경(經)'은 베 짜는 데 길이로 늘린 줄로, 만고에 바꾸지 못하는 떳떳한 씨줄이라는 뜻이다.

다시 말하자면, 금강 같은 예리하고 단단하고 밝은 지혜로 모든 상과 고집을 쳐부수고 번뇌망상을 다 털어버리고 범부의 세계에서 청정하고 밝은 불보살의 세계로 건너갈 수 있도록 만든 것이 《금강반야바라밀경》이다. 이를 통해 공부인들이 여래의 심법으로 여래행을 하는 불보살이 되기를 염원해 본다.

이번 출판은 원불교신문에 연재한 것을 수정, 보완하였다. 그동안 '금강경 강의' 출판을 위해 애써 주신 배문사 길명수 사장님과 교정을 보아 준 오광익 원로 교무, 장재훈 교도, 원고 정리를 도와 준 이대진 교무, 김성광 교무, 백종훈 교무, 전체 출판 기획을 맡아 준 육관응 교무에게 깊은 감사를 드린다.

2018년 9월

만덕산 성지에서 이양신 합장

차 례

1강

법회인유분 法會因由分

법회가 열리게 된 사연

如是我聞 一時 佛在舍衛國祇樹給孤獨園
여시아문 일시 불재사위국기수급고독원

나는 이렇게 들었습니다. "어느 때 부처님께서 사위국 고독원에 계셨습니다."

'여시아문(如是我聞)하사오니', 곧 이와 같음을 내가 듣사오니라는 뜻의 이 말씀은 가장 법문을 많이 받든 아라한 존자께서 나의 말이 아니라 부처님께서 이렇게 말씀하셨다는 것을 들었다는 뜻이다.

'일시(一時)에 불(佛)이'는 한때에 부처님이라는 뜻이다. 부처는 범어로 '깨달았다, 깨달은 이'를 뜻한다. 곧 알지 못하고 망녕된 데에서 뛰어나 모든 참된 것을 알아 스스로 깨닫고 중생을 가르치며 제도시켜 깨닫게 하는, 즉 본인도 깨닫고, 타인도 깨닫게 하는 두 가지 행실을 원만히 성취하셨으므로 깨달았다고 한다.

그러니 이것은 맨처음 보리수 나무 밑에서 도를 깨친 석가모니 부처님에 대한 존호이며, 동시에 과거나 현재나 미래의 삼세 모든 부처님 또는 시방의 모든 부처님께 사용되는 단어로 깨달으면 곧 부처라고 하겠다.

사위국의 대신 수달 장자가 며느리를 얻고자 왕사성 대신 호미집에 머물 때 부처님을 뵙고 법문을 듣고 사위국에 왕림하기를 청하였다. 부처님께서 그곳에 정사가 없음을 말씀하시거늘 수달 장자는 "부처님께서 우리나라에 오신다면 정사를 마련하겠다."고 하였다. 이에 부처님께서 혜공제일 사리불에게 "같이 가서 정사 지을 땅을 골라라."고 분부하셨다.

오직 기타 태자의 동산이 마땅한지라 수달 장자가 그 동산을 구입하려고 하자 기타 태자가 황금으로 동산을 덮으면 팔겠다고 하셨다. 이에 수달 장자가 코끼리로 황금을 실어 날라 80정보의 땅을 다 덮는지라 태자가 생각하기를 '얼마나 훌륭하시면 저렇게 재물을 아끼지 않고 모든 것을 바치는가? 마땅히 힘을 합하여 큰 성인을 맞으리라.' 고 마음먹고 황금을 물리쳤다.

이리하여 태자는 "동산은 수달 장자가 산 것과 다름이 없으니 동산은 수달 장자의 것이고 숲은 내 것이니 내가 숲을 기증하겠다." 하여 두 사람이 합하여 부처님의 처소 1채, 제자의 처소 120채를 기증하여 '기원정사' 라고 이름을 지었다.

'기수' 는 태자의 숲이고, '급고독원' 은 수달 장자의 동산이란 뜻이다.

2강

법회인유분 法會因由分

수도인의 참모습이요, 여래행

與大比丘衆 千二百五十人俱
여대비구중 천이백오십인구

"일천이백오십 인의 제자와 더불어 계시는 중"

가섭 삼 형제의 제자 1,000명, 사리불의 제자 200명, 야사 장자 제자 50명으로 1,250명이 구성되었다.

'비구'란 남자 스님을 뜻하며, 마구니를 겁나게 하고 부지런히 일하며, 자기 물건을 하나도 갖지 않고 거지마냥 얻어먹고 도를 닦으며 250계를 지킨다.

청정한 생활을 목숨보다 중히 여기며 위로 법을 빌어 도를 닦고, 아래로 먹을 것을 빌어 활신하는데, 마왕의 무리가 겁나고 무섭게 하므로 마구니를 겁나게 한다고 한다.

爾時 世尊食時 着衣持鉢 入舍衛大城乞食
이시 세존식시 착의지발 입사위대성걸식

"이때에 세존이 가사를 입고 발우를 가지고 사위국의 성으로 들어가 걸식을 하셨다."

걸식은 밖으로 밥을 빌고 안으로 법을 비는 뜻인데, 세속에 찌든 상, 명예, 자존심을 다 털어버림을 뜻하고, 일체 중생에게 마음을 낮추는 굴기하심을 의미한다.

於其城中 次第乞已
어기성중 차제걸이

"성 안에 들어가서 밥을 차례로 빌러 다니셨다."

아라한 존자는 부잣집에서만 밥을 빌고, 가섭 존자는 가난한 집에서 밥을 빌러 다니셨는데, 부처님께서는 빈부를 가리지 아니하고 차례로 일곱 집을 가셨다. 이는 법 앞에 평등함을 밝힌 것이다.

還至本處 飯食訖 收衣鉢 洗足已 敷座而坐
환지본처 반식흘 수의발 세족이 부좌이좌

"본래의 처소로 돌아오셔서 식사를 마치시고 의발을 거두시고 손발 씻기를 마치신 후 법좌를 마련하시다."

부처님께서 보통 사람과 똑같이 손과 발을 씻는다는 것을 말한다. 손이나 발을 씻는 것으로 깨끗함이 아니요, 마침내 마음을 깨끗이 해야 하나니, 한 생각의 마음이 깨끗하면 곧 모든 허물과 때를 다 제거함이라. 여래께서 법을 설하실 때에 항상 단좌(檀坐)를 펴서 깔아 자리를 펴고 앉으셨다는 뜻이다.

3강

선현기청분 善現起請分

선현이 일어나서 법을 청하다

時 長老須菩提 在大衆中 卽從座起 偏袒右肩 右膝
시 장로수보리 재대중중 즉종좌기 편단우견 우슬

着地 合掌恭敬 而白佛言 希有世尊 如來善護念諸菩
착지 합장공경 이백불언 희유세존 여래선호념제보

薩 善付囑諸菩薩
살 선부촉제보살

그 때에 장로 수보리가 대중 가운데에 있어 곧 자리를 좇아 일어나 바른 편 어깨 옷을 벗어 엇메며 바른 편 무릎을 땅에 붙이고 공손히 부처님께 여쭙기를, "희유하신 부처님께서는 모든 보살을 잘 호념하시며 모든 보살에게 잘 부촉하십니다."

'잘 호념한다' 는 것은 공부인으로 하여금 반야의 지혜로 자신의 심신을 호념하여 안으로 망령되게 사랑하고 미워하는 마음을 일으키지 아니하고, 밖으로 육진이 생사고해에 떨어지지 아니하고, 마음 가운데에 추호도 삿됨이 없이 자성여래를 호념하는 것을 말한다.

또한 보살은 마음 가운데에 미물, 곤충, 식물까지도 공경하고 사랑하며 업신여기거나 거만한 마음이 털끝만큼도 없는 것을 이름이다. 예를 들어, 꽃나무가 잎이 말라갈 때에 '목이 말라 시들어지는구나.' 하고 미안한 마음으로 물을 주어 살려내는 것이다.

世尊 善男子善女人 發阿耨多羅三藐三菩提心 應云何
세존 선남자선여인 발아뇩다라삼먁삼보리심 응운하
住 云何降伏其心
주 운하항복기심

"세존이시여, 선남자, 선여인이 발아뇩다라삼먁삼보리심한 이는 무상대도를 증득해 보고자 하면 어떻게 그 마음을 주해서 외경에 뺏기지 않도록 때때로 일어난 마음을 어떻게 항복받으리이까?”

‘선남자(善男子)’라는 것은 바르게 정한 마음으로〔定〕 일체 공덕을 이루어 가는 곳마다 전혀 거리낌이 없는 보살이며, ‘선여인(善女人)’ 이라는 것은 바른 지혜의 마음으로〔慧〕 한량없는 공덕을 남기는 보살이다.

‘발아뇩다라삼먁삼보리심’ 은 마음이 망령됨이 없고 교만이 없고, 항상 바르게 정한 바른 지혜로 마음이 텅 비고 고요하여 한 생각 잡된 마음이 없고 깨끗한 마음을 발한 것이다. 곧 부처의 성품을 본 것으로 무상대도, 곧 위가 없는 도를 깨달아 보겠다는 마음을 낸 것을 이름이니 큰 공부에 서원을 세운 것이라 할 수 있겠다. 그런 마음을 낸 사람이 응할 때마다 일어나는 마음을 어떻게 주하며 어떻게 그 마음을 항복받을 수 있는가를 부처님에게 여쭙는 내용이다.

4강

선현기청분 善現起請分

어떻게 항복받아 이겨나갈 것인가

應云何住 云何降伏其心
응운하주 운하항복기심

"어떻게 마음을 주하고, 다스려야 합니까?"

'응운하주 운하항복기심' 은 모든 중생의 망령된 마음이 가볍게 흔들려 머물지 아니하고 움직이는 것이 마치 허공에 날아다니는 수많은 티끌 같아서 망녕된 번뇌 속에 계속하여 일어나니, 그 괴로운 마음을 어떻게 주하고 어떻게 항복받으오리까?

아무리 서원을 굳게 세우고 공부를 하는 공부인일지라도 번뇌망상에 끌리게 되어 방황하게 되면 자칫 공부 길을 놓치고 큰 공부에 들지 못하게 된다. 늘 마음이 역경과 순경에 시달리며 정(定)하지 아니하면 이런저런 경계에 끌려 다니게 되므로, 이 흔들리는 마음을 주하는 공부 방법을 묻는 것이다.

또한 공부인이 무상대도를 증득하기 위하여 공부를 할 때에 방해하는 마음, 즉 부처님께 마왕 파순이가 팔만사천 마구니로 하여금 공격하였듯이 그 수많은 경계를 어떻게 항복받아 이겨 나갈 것인가를 묻는 것이다.

이와 같이 무상대도를 서원한 길이 결코 순탄하지만은 않다는 것을 알고 '순경 도적', '역경 도적'이 우리의 좋은 마음을 다 도적질해 감으로써 어떠한 경계를 당하더라도 그 도적을 항복받아 성공하도록 그 수많은 티끌처럼 날아다니는 마음을 붙잡아 공부하는 마음을 놓지 않도록 할 것인가? 이는 고삐 없는 송아지가 남의 논밭 다 짓밟고 뛰어다니는데, 이 송아지는 형상이 있으므로 코를 뚫어 고삐를 말뚝에 매어놓을 수 있지만, 형상도 없고 보이지 않는 우리의 마음은 어떻게 붙들어 공부를 할 것인가? 이것이 중요한 부분이다.

우리가 어려운 일원 대도 회상에 성불제중의 큰 서원을 세우고 출가하여 공부하던 중 그 아까운 인재들이 경계를 못 이기고 도중에 하차하는 것을 볼 때에 얼마나 애석한가?

대산 종사께서는 "죽은 잿더미 속에도 색욕은 남아 있다." 고 무섭게 말씀하셨다. 또한 "여자는 여자의 지도를 받아야 하고, 남자는 남자의 지도를 받아야 한다."는 말씀을 자주 해 주셨다.

수많은 경계 중에 색경계가 제일 무섭다는 말씀이다. 마음이 색계에도 가서 기웃거리다 색욕에 빠질 듯 말 듯 아슬아슬한 경계를 당하고, 재물에도 가서 욕심을 부리다 죄를 짓고, 명예에도 가서 기웃거리다가 손해를 보아 전도몽상이 되어 공부심을 놓고 본의 아니게 죄의 함정에 빠지게 되는 것이다.

5강

선현기청분 善現起請分

피할 수 없는 재색명리의 경계

佛言 善哉善哉 須菩提 如汝所說 如來 善護念諸菩
불언 선재선재 수보리 여여소설 여래 선호념제보
薩 善付囑諸菩薩 汝今諦聽 當爲汝說 善男子善女人
살 선부촉제보살 여금제청 당위여설 선남자선여인
發阿耨多羅三藐三菩提 應如是住 如是降伏其心
발아뇩다라삼먁삼보리 응여시주 여시항복기심

부처님께서 말씀하시기를, "착하고 착하다. 수보리야, 너의 말한 바와 같이 여래는 모든 보살을 잘 호념하며 모든 보살에게 잘 부촉하나니, 내 너희들을 위해서 주하는 법과 그 마음을 항복받는 법을 가르쳐 줄 터이니 잘 들어라. 선남자 선여인이 아뇩다라삼먁보리심을 얻고자 발심한 이들은 이와 같은 방법으로 마음을 주하고 이와 같이 마음을 항복받을지니라."

여기서 '응여시주'는 응당 이렇게 마음을 진여에 머물게 한다는 뜻이며, '여금제청'은 부처님께서 법을 설하실 때에 먼저 경계하시고 듣는 이로 하여금 한결같은 마음으로 고요하고 적막하게 하고 정성스럽게 잘 들으라는 뜻이다.

唯然世尊 願樂欲聞
유연세존 원요욕문

"그렇습니다. 부처님이시여, 원컨대 즐거이 듣고자 하나이다."

이광수 시인의
"산 넘어 임 보러 가는데
넘을 산이 천인가 만인가
넘을 산이 억이고 조라도 넘어볼까 하노라."
라는 시가 있다.

이와 같이 제2장에서는 과거 부처님 당시에도 그렇고 현재

우리도 또한 성불제중의 서원을 세우고 공부하는 수도인인 만큼 피할 수 없는 이 재색명리의 경계에 대해 언급하고 있다.

재색명리에서 시작되어 일어나는 수많은 경계에 흔들림 없이 마음을 주하고 그 경계를 항복받을 수 있는 가장 중요한 부분을 수보리가 여쭌 것이다.

현재를 살아가는 우리의 마음까지도 대변하여 수보리가 부처님께 대신 여쭈어 보신 것이라고 생각한다.

부처님께서 모든 공부인에게 말씀 해 주고자 하신 그 부분을 수보리가 여쭈었기 때문에 어찌 그것을 물었느냐 하고 선재선재라 하신 것이다. 스승님과 제자의 간절한 이심전심의 깊은 뜻이 있는 듯하다.

6강

대승정종분 大乘正宗分

대승의 바르고 으뜸되는 가르침

《금강경》 제3장 대승정종분은 대승 수행을 하는 데 있어서 으뜸인 법문으로, 크고, 바르고 머리가 되는 법문이라 할 수 있다.

佛告須菩提 諸菩薩摩訶薩 應如是降伏其心
불고수보리 제보살마하살 응여시항복기심

부처님께서 수보리에게 말씀하시되, "모든 공부인이 그 망령된 마음을 항복받으려면 이와 같이 하라."

'보살' 이란 앞생각이 깨끗하고 뒷생각도 깨끗한 것을 이름이요, 생각과 생각이 후퇴하지 아니하여 비록 진대지에 있더라도 마음이 항상 깨끗한 방편으로 중생을 교화하여 지도하는 것을 '보살' 이라 하고, 능히 좋아하고 교화되는 바에 마음이 취하고 집착하는 것이 없는 것을 '마하살' 이라고 한다.

所有一切 衆生之類 若卵生 若胎生 若濕生 若化生
소유일체 중생지류 약란생 약태생 약습생 약화생
若有色 若無色 若有想 若無想 若非有想 非無想 我
약유색 약무색 약유상 약무상 약비유상 비무상 아
皆令入 無餘涅槃 而滅度之
개영입 무여열반 이멸도지

"일체중생(안으로 자심 중생, 밖으로 일체 중생)의 종류가 한이 없으나 대개 아홉 가지로 분류하여 알에서 나는 중생, 태로 나는 중생, 습기로 나는 중생, 화현하여 나는 중생, 만약 색이 있는 것이거나, 만약 색이 없는 것이거나, 만약 생각이 있는 것이거나, 만약 생각이 없는 것이거나, 만약 생각이 있는 것도 아니요, 생각이 없는 것도 아닌 것을 내가 다 남김없이 열반에 들게 하여 멸도케 하리라."

일체 중생심의 번뇌가 일호의 중생심이 티끌만큼도 남아

있을 수 없이 용광로에 쇳덩이가 녹듯이 모든 중생심이 녹아 열반묘경에 들어 멸하여 제도하는데, 마음을 주하면 스스로 그 마음이 항복될 것이다. 제도했다는 구류 중생심을 다 떼었다는 마음까지도 남아 있어서는 안 된다는 말이다.

여기서 알로 생기는 난생은 미혹한 성품, 곧 무명심이고, 태생은 습관에 가린 성품이다. 예를 들어, 아침에 좌선하고 꼭 잠을 자야 되는 습관, 그런데 좌선하고 잠을 자면 세 가지 계문을 범하게 된다. 어리석어서 나태심을 부리고, 때 아닌 때 잠을 자서 세 가지 계문을 범하게 된다.

7강

대승정종분 大乘正宗分

일체 중생의 아홉 가지

'습생(濕生)'은 습기로 생기는 것으로 욕계로 쳐지는 삿된 마음을 말한다.

다시 말해 식욕, 색욕, 재욕에 가리어 뒤에 당할 고통을 생각하지 않고 눈앞의 좋은 것만 보면 차지하려는 중생심을 말한다.

'화생(化生)'은 화하여 생기는 것으로 기회따라 환경따라 변하는 성품, 즉 기회주의자로 나한테 유리하게 생겼으면 자라 목처럼 머리를 내빼고 자랑하고, 불리한 상황에서는 자라 목처럼 쑥 들여 넣고 '나는 모른다.' 고 하는 중생심이다.

'유색(有色)'은 색이 있는 것으로 오욕은 떨어졌으나 형체가 있는 세계에 살고 있는 현실의 시시비비에 묶이는 마음이고, 무색(無色)은 색과 형체는 여의었으나 신령된 데 치우친 마음으로 이상계의 기기묘묘에 도취된 마음이다.

'유상(有想)'은 상이 있는 것으로 고집과 미혹은 여의었으나 구하고 바라는 상이 있는 마음으로, 분별식심을 일으켜 따지고 캐내려는 마음으로, 누가 나보다 공부 잘하나 못하나 비교하는 중생심이 이에 속한다.

'무상(無想)'은 상이 없는 것으로 미혹한 사람이 앉아 좌선을 하되, 한갓 망령된 마음만 없애고 자비심과 희사하는 지혜의 방편을 배우지 않고 오히려 나무토막이나 돌덩이처럼 아무 작용이 없이 일체를 돈망하려는 유식만 주장하는 마음이다.

'비유상비무상(非有想非無想)'은 상이 있기도 하고 없기도 한 것으로 색계, 욕계, 무색계에서 가장 높은 자리에 있어 굵고 무거운 생각은 여의었으나 가늘고 작은 생각에 머물러 유무상심을 초월하여 고차원의 경지에서 배회하면서 복을 짓지 아니하고 도만 닦는 공부만 하는 중생심이다.

如是滅度無量無數無邊衆生 實無衆生得滅度者
여시멸도무량무수무변중생 실무중생득멸도자

“이렇게 한량도 없고, 수도 없고, 갓도 없는 모든 중생으로 하여금 항상 고요하여 맑고 깨끗한 저 열반의 언덕을 건느게 하였으되, 다만 망녕된 마음만 제하여 없게 함이라.”

이는 중생이 각각 본래부터 맑고 깨끗한 스스로의 성품을 보아 깨달을 뿐이요, 무엇을 가르쳐 멸도시켰다 하며, 부처님과 중생이 둘이 아니거늘 무엇을 가르쳐 내가 중생을 제도하였다 할 것이 없다는 말이다.

8강

대승정종분 大乘正宗分

대승 수행의 으뜸되는 공부

본래 그 수많은 중생심을 다 털어버렸다 할지라도 내가 모든 중생심을 털어버렸다는 그 마음마저도 있어서는 안 된다.

《수심결》에 "일예재안(一穢在眼)에 공화난추(空花亂墜)라. 한 티끌이 있으니 허공꽃이 무수히 떨어진다는 것으로 번뇌심이 티끌만큼이라도 남아 있으면, 즉 마음 가운데에 중생을 제도했다는 마음이 있으면 사상이 일어나고 구류중생심이 일어나고 팔만사천 마구니가 따라 일어나나니, 그렇기 때문에 실로 중생을 멸도했다는 그 마음마저도 놓아야 된다."는 말이 있다.

그렇기 때문에 부처님께서도 구류 중생을 다 열반에 들게 하였지만 중생 중에 열반을 얻은 자가 없다고 하신 이유가 《금강경》 제3장에서 언급된다.

何以故 須菩提 若菩薩 有我相 人相 衆生相 壽者相
하이고 수보리 약보살 유아상 인상 중생상 수자상
卽非菩薩
즉비보살

"어찌된 연고인고? 수보리야, 만약 보살이 아상, 인상, 중생상, 수자상을 가지고 있으면 보살이 아니니라."

'아상' 은 우월감, 이기주의적 사상, 남보다 내가 낫다는 생각으로 잘한다는 상이 있어 우월감에 사로잡히는 것이다.

'인상' 은 경홀심으로 나는 계행을 지키는 데 계행을 지키지 못하는 사람을 무시하고, 나는 신심이 있는 데 신심이 없는 사람을 무시하고, 나는 공심이 있는 데 공심이 없는 사람을 무시하는 마음이다.

'중생상' 은 열등감에 사로잡혀 가지가지 번뇌로 일어나는 미운 생각, 싫은 생각, 갈팡질팡하는 마음으로. 음식을 먹으려 하면서도 안 먹는다고 하고, 다른 사람이 다 먹으면 인정이 없다고 불평하고, 같이 가고 싶으면서도 안 갈 것처럼 해

놓고 자기만 혼자 두고 가면 인정머리 없다고 불평하는 마음이다.

'수자상' 은 내가 연배로나 지식으로나 우위에 있다고 다 무시하는 우월감이다.

이렇게 아집심, 경홀심, 열등감, 우월감에 사로잡히는 결과가 되고, 사로잡히고 보면 일체 중생심이 또 다시 자리잡히기 때문에 이러한 사람은 '보살' 이라고 이름할 수 없어 중생 중에서 열반을 얻은 이가 없다고 하신 것이다.

그러므로 상을 여의는 공부가 가장 어려운 공부이기도 하며, 대승 수행의 으뜸이 되는 공부라 하신 것이다.

9강

묘행무주분 妙行無住分

좋은 보시는 주함이 없이 베푸는 것이다

보살의 성스럽고 묘한 행실은 허공같이 넓고 크며 맑고 깨끗하여, 모든 법과 모든 상에 머물러 집착됨이 없다.

復次須菩提 菩薩於法 應無所住 行於布施 所謂不住
부차수보리 보살어법 응무소주 행어보시 소위부주
色布施 不住聲香味觸法布施
색보시 부주성향미촉법보시

또한 "수보리야 보살은 일체 명상의 법에 주착함이 없이 보시를 행하나니 이른바 색에 주착하여 나타내지 않는 데 주의

하며, 따라서 성과 향과 미와 촉과 법에도 주착하지 아니하고 나타내는 데 주의하나니라."

《금강경》에서 가장 중요한 것이 보시이다. 수많은 중생심을 다 멸하여 청정한 마음이 되었다 하더라도, 보시가 없으면 바람 빠진 공과 같이 아무 쓸모가 없는 것이다.

'보시(布施)'란 널리 베푼다는 뜻으로 재물로 베풀고 법으로 베푸는 '재시(財施)'와 '법시(法施)' 두 가지가 있다. 법이란 삼륜청정, 즉 물건이나 주는 사람이나 받는 사람이나 정신, 육신, 물질로 베풀 때 청정한 마음으로 해야 함을 이름이다.

須菩提 菩薩應如是布施 不住於相 何以故 若菩薩不
수보리 보살응여시보시 부주어상 하이고 약보살부
住相布施 其福德不可思量
주상보시 기복덕불가사량

"수보리야, 보살이 응당 이와 같이 보시하면 상에 머물지 아니하나니, 왜냐하면 만약 보살이 상에 머물지 않고 보시하면 그 복덕이 가히 헤아리지 못하기 때문이니라. 육근동작이 상에 주하고 보시하면 유루보시이며 주착하지 아니하고 보시하면 무루보시로 그 복덕이 한량이 없다."

須菩提 於意云何 東方虛空 可思量不 不也世尊 須
수보리 어의운하 동방허공 가사량부 불야세존 수

菩提 南西北方 四維上下虛空 可思量不 不也世尊
보리 남서북방 사유상하허공 가사량부 불야세존

須菩提 菩薩無住相布施福德 亦復如是 不可思量 須
수보리 보살무주상보시복덕 역부여시 불가사량 수

菩提 菩薩但應如所敎住
보리 보살단응여소교주

"수보리야, 동방의 허공을 가히 생각하여 헤아리겠느냐?" "못 하겠나이다." "수보리야, 남방, 서방, 북방과 사유와 상하 허공을 가히 생각하여 헤아리겠느냐?" "못 하겠나이다." "수보리야, 보살의 상에 머무름 없이 보시하는 복덕도 또한 이와 같아서 가히 생각으로 헤아리지 못하나니라."

10강

묘행무주분 妙行無住分

육근동작을 베풀어 쓰는 법

수보리야, 보살이 이 법에…, '법' 이란 말씀은 경전만이 아니라 일체 명상으로 나타나는 것을 전부 법이라 한다. 볼 수 있고 들을 수 있고 만질 수 있는 모든 것을 통틀어 법이라 한다. 일체 이 법에 응할 때 주착한 바 없이 보시를 행할지니 보시란 육근동작을 심신 간 부려 쓰는 것이며 물건만 주는 게 보시가 아니라 물질도, 마음도, 육신도, 육근동작도 베풀어 쓰는 것을 통틀어 보시라 하는 것이므로 대단히 중요한 말씀이다.

만약에 중생심이 없다, 주착함이 없다, 이렇게 말하고 보시란 것이 빠지면 바람 빠진 공이다. 바람 빠진 공은 아무 쓸모가 없다. 《금강경》에서 앞으로 가장 중요한 것이 이 보시이다. 없다, 없다 하면 아무것도 없어서는 안 된다. 아주 적극적인 그 무엇을 하기 위해서 방해하는 무리인 잡동사니를 없앤다는 것이다.

우리가 아침마다 좌선을 하는데, 휴휴암 좌선문에 '부좌선자(夫坐禪者)'로 '이 뭣고' 하고 앉아 있으라는 말씀이 아니고, '수달호지선(須達乎至善)', 곧 '지극한 선에 그쳐 있으라.'는 말이다. 잘 수행하는 사람은 수달호지선, 곧 지극한 선에 사무쳐야 한다. 만약 그것이 빠지면 좌선은 땔나무도 못 된다. 눈에 불이 나도록 또렷또렷해야지 멍청히 앉아 있어서는 안 된다. 그 좌선을 해서 광명이 나도록 해야지 물에 물 탄 듯 술에 술 탄 듯해서는 안 된다.

'보시'란 이 마음이 지극해서 상도 없애고 주착도 없애라는 그런 말씀이다. 대단히 중요하다. 그래서 주착함이 없이 보시를 행할지니 색에 주해서는 보시도 행하지 말며, 성향미촉법에도 주착하여 보시하지 말아야 한다. 우리가 나라를 위해, 교단을 위해 일을 할 때 무엇을 바라서는 안 된다. 아상, 인상, 중생상, 수자상에도 주착하지 말고 해야 한다.

'삼륜청정(三輪淸淨)'이란, 받은 사람이나 주는 사람이나 보시하는 물건이 깨끗해야 한다. 왜냐하면 보살이 상에 주착하지 아니하고 보시하면 그 복덕이 한량없기 때문이다. 상에 주착한 보시는 유루보시로 빠져나가는 것이 있다. 상에 주착하지 아니한 보시는 무루보시로 셈이 없다. 뿐만 아니라 상에 주착한 보시는 복을 열 푼어치 짓고, 죄는 스무 푼이나 짓는다. 그런 경우가 많다.

무상보시하면 곧 보살이니라. 이 구절에 머무른다 하는 것은《금강경》제2장에서 수보리가 아뇩다라삼먁삼보리를 이루고자 하는 사람은 마땅히 이와 같이 주하고, 이와 같이 그 마음을 항복받아 삼세에 뻗어 시방삼계에 두루 비침을 이름이다.

11강

여리실견분 如理實見分

이러한 이치로 그 실다움을 보라

여여한 진리를 실지로 보여주는 장이다. 《금강경》 제5장 여리실견분은 참다웁게 실다운 상이 같고 같아서 만 가지 법과 만 가지 상이 본래 성품에 평등하여 같은 참된 이치를 지혜의 눈으로 깨달아 실답게 본다는 뜻이다.

須菩提 於意云何 可以身相 見如來不 不也世尊 不
수보리 어의운하 가이신상 견여래부 불야세존 불

可以身相 得見如來 何以故 如來所說身相 卽非身相
가이신상 득견여래 하이고 여래소설신상 즉비신상

"수보리야, 너의 육신의 형상으로 여래를 볼 수 있다고 생각하느냐?"

"아닙니다. 세존이시여 육신의 형상만 가지고는 여래를 볼 수 없으니 여래가 말씀하신 신상이라 하는 것은 육신 속에 깖은 육신의 신상이 아니기 때문입니다."

佛告須菩提 凡所有相 皆是虛妄 若見諸相非相 卽見
불고수보리 범소유상 개시허망 약견제상비상 즉견
如來
여래

"그렇다 수보리야, 그렇기 때문에 무릇 나타나 있는 바 모든 형상이 다 허망하여 간직해야 할 참 법신의 상이 아닌 줄을 보는 날 여래를 본 것이요, 따라서 주착하는 마음이 없어지는 날 곧 부처가 된 것이며, 여여한 진리를 실제로 보았다 할 것이다."

여래께서 법신을 나타내고자 하신 고로 "일체 모든 상이 허망한 것이다."라 말씀하심이니, 만일 일체 모든 상이 허망하여 실다웁지 않음을 깨달으면 곧 여래의 상 없는 이치를 본 것이다.

이에 대산 종사는 법문에서 '범소유상이 개시허망이니 약견제상 비상 즉견여래' 에 대해 여래께서 여래의 실상 자리를 직접 보인 육신에 집착할까 봐 색신이 아닌 인격신, 법신을 직접 뵙도록 하셨다.

또한 "신상으로 여래를 볼 수 있느냐?" "아닙니다."라는 이 법문을 듣게 되면 지금까지 무상대도를 다 쏟아주셨다는 말씀이다.

이와 같이 그저 착해라, 효도해라 한 정도가 아니라 아주 높고 높은 도리를 설해 주시니, 수보리가 생각하기에 희유하신 부처님이시다. 다시 한 번 우러러 뵈어진다는 말씀이다. 여기서 부처님에 대한 우러러 뵈옵는 마음이 나지 않는 사람은 부처님을 몰라본 것이다.

12강
여리실견분 如理實見分

여래의 상 없음을 보라

부처는 "육신 신상으로 여래를 볼 수 있다고 생각하느냐? 육신이란 지수화풍 사대가 집합된 것이다. 고기 눈으로 본 것이다. 그것은 여래를 본 것이 아니다."고 하셨다.

왜냐하면 여래가 말씀하신 것은 색신 신상이 아니라 법신 신상이기 때문이다. 아무리 부처와 똑같이 만들어 놓아도 법신이어야지 육신으로는 소용없기 때문이다.

'범소유상 개시허망' 사구게는 《금강경》 도리를 가장 집약해 놓은 것으로, 무릇 상이 있는 바는 다 허망한 것이라, 상 아닌 것을 보면 여래를 실견하게 되는 것으로 여기에 대단한 의미가 있다.

첫째, 눈으로 볼 수 있는 형상 있는 것은 모두 가변적인 것으로 부처님께 천 년, 만 년 매달려 보아야 60세 넘어 80세 열반하시니 믿을 수 없다. 아무리 부모를 태산처럼 믿어도 100년 미만에 가신다는 의미가 있고 형상 있는 것은 끝내 없어지니 허망한 것이라 하셨다.

둘째, 명예라고 하는 것은 다 허망한 것이기에 옳다, 그르다, 나쁘다, 좋다, 이러쿵저러쿵 이름 있는 것은 다 허망한 것이다. 기쁜 마음을 천 년, 만 년 간직하고 싶지만 두 시간도 못 가서 엉뚱한 마음이 나온다. 전부가 명상에 관계된 것이라 다 허망한 것이고 우리 마음 중 인격 상에 남아 있는 아상, 인상, 중생상, 수자상 모두 허망한 것이다.

천만 년을 보아도 다 허망한 것이다. 이러한 허망한 것을 다 놓아버려야 실상 자리를 볼 것이요, 그 실상 자리를 보아야 여래를 보았다 할 것이다.

이와 같이 형상 있는 것이 허망하고, 명상 있는 것이 허망하고, 마음 가운데 수행했다고 하는 어떠한 형틀이 다 허망한 것이고, 인격상이란 백지와 같다고 베이컨(Bacon)은 말했다.

검정칠을 하면 검정이 되고, 빨강을 칠하면 빨강이 되고,

진흙으로 달마를 만들면 달마가 되고, 도둑을 만들면 도둑이 되고, 부처를 만들면 부처가 된다.

일체 중생의 성품 중에 본래 부처의 지혜가 갊아 있으나 탐 · 진 · 치 삼독(三毒)이 가리운 바 되어 삼계에 뛰어난 해탈을 못 한다. 일체 상이 허망한 것을 알아야 모든 고집을 버리고 신령스러운 지혜가 드러나 시방에 두루 밝혀 성품을 보아 깨달았다고 하는 것이다.

여래께서 법신을 나타내고자 하신 고로 모든 상이 허망한 것이다. 일체 상이 허망하여 실답지 않음을 깨달을 때 곧 여래의 상 없는 이치를 보았다고 하리라.

13강

정신희유분 正信希有分

바르게 믿기가 참으로 어렵다

부처님께서 세세생생 모든 부처님과 심심상련하신 심법을 보이신 장이 《금강경》 제6장 정신희유분이다.

제6장은 뜻이 넓고 크며 심히 미묘하여 후에 중생이 바르게 믿고 받아 가지기 어려워 믿고 받들 사람이 드물겠다는 뜻이다.

須菩提白佛言 世尊 頗有衆生 得聞如是言說章句 生
수보리백불언 세존 파유중생 득문여시언설장구 생
實信不
실신부

수보리가 부처님께 사뢰었다. "세존이시여, 자못 어떤 중생이 이와 같은 말씀을 듣고서 진실한 믿음을 내오리까?"

여기서 수보리가 부처님께 질문을 드린 이유는 지금 부처님을 모시고 직접 듣고 아는 우리들이야 괜찮지만 부처님이 떠나신 후 중생들이 직접 받들지 않고 간접적으로 듣고 과연 이해하고 제대로 된 믿음이 나겠는지 여쭙는 것이다. 곧 제대로 된 믿음, 무조건적인 맹신이 아니라 바른 믿음이 나겠는지 여쭙는 것이다.

佛告須菩提 莫作是說 如來滅後 後五百歲 有持戒修
불고수보리 막작시설 여래멸후 후오백세 유지계수
福者 於此章句 能生信心 以此爲實 當知是人 不於
복자 어차장구 능생신심 이차위실 당지시인 불어
一佛二佛三四五佛 而種善根 已於無量 千萬佛所 種
일불이불삼사오불 이종선근 이어무량 천만불소 종
諸善根 聞是章句 乃至一念 生淨信者
제선근 문시장구 내지일념 생정신자

부처님께서 수보리에게 이르시되, "그런 말 하지 말아라. 여래가 멸도한 뒤 후후 오백세에도 계를 지니고 복을 닦는 자가 있어서 이 말씀에 능히 믿는 마음을 내고 이로써 실다움을 삼으리라. 마땅히 알라. 이 사람은 한 부처나 두 부처나 셋, 넷,

다섯 부처님께 선근을 심었을 뿐 아니라 이미 한량없는 천만 부처님께 모든 선근을 심었으므로 이 말씀을 듣고 한 생각에 깨끗한 믿음을 내는 사람이니라."

부처님께서는 공연한 걱정을 하지 말라고 하시며 정법, 상법 시대가 지나고 계법 시대가 와도 자기 행동을 철저히 원칙적으로 이끌고 그대로 고이고이 간직해 가면서 복을 짓는 자는 그러한 때에 지계수복하는 단계가 되지 않으면 법문을 들어도 자극을 받지 못한다. 지계수복하는 사람은 법문을 들으면 몸에 짜릿한 자극이 온다.

14강

정신희유분 正信希有分

《금강경》의 진리는 영생의 보배

서원이 구천에 사무치고 시방에 충만해져서 《금강경》을 대하면 마치 가스에 불을 붙이면 확하고 일어나듯이 그러한 자극을 받는다. 내 마음이 지극히 충만해 있는데, 무엇이 가리어 있을 때 《금강경》을 보면 툭 터지는 것이다.

사실 《금강경》의 진리는 가장 실상으로 안다. 영생의 보배이다. 지계수복하는 사람, 주세성자의 서원을 지극히 세운 사람이라야 실다운 신심이 나는 것이다.

마땅히 알아야 한다. 한량없는 천만불소에 선근을 심어서 듣고 한 생각 청정한 선심을 낼 것이다. 우리는 여기서 1, 2, 3,

4, 5불이란 역대 조사를 의미하고 포함되지만 천만불소라는 것은 어떠한 경계 어떠한 부처님에게도 선근을 심었다는 말이다.

사람도 이 사람 저 사람 선인, 악인 모두 선근을 심는다. 경계에 동할 때 정할 때 대소, 원근, 시비, 순역 경계에 선근을 심으면서 인격을 닦는다는 말이다.

또 야보 선사의 뜻을 알아야 한다. 즉 금부처는 용광로를 못 건너가고 나무부처는 불을 못 건너가고 흙으로 만든 부처는 물을 못 건너간다 하였다.

내가 순경에서만 부처의 마음을 단련했다면 역경을 당하면 박살나고 도망가게 된다. 나에게 잘하는 사람에게는 잘하나 나에게 잘못하는 사람을 만나면 여지없이 부서진다.

그러므로 참된 부처는 용광로에 넘어지지 않고 물 속이나 불 속에서도 넘어지지 않는다. 우리의 마음 가운데 참다운 용광로의 모습은 역경, 순경, 좋은 사람, 나쁜 사람, 어떠한 시비 이해에도 넘어지지 않아야 한다. 상대방이 잘하면 잘하고 못하면 못하는 것이 아니라 한결같이 잘해야 한다.

須菩提 如來悉知悉見 是諸衆生 得如是無量福德
수보리 여래실지실견 시제중생 득여시무량복덕

"수보리야, 여래는 다 알고, 다 보나니 이 모든 중생이 이렇게 한량없는 복덕을 얻느니라."

다시 말해서 여래는 다 알고 있다. 진리가 다 안다는 말이다. 진리가 선근 하나 심으면 하나를 알고, 둘을 심으면 둘을 안다. 무량복덕을 심으면 결과 따라 오는 것이니 염려하지 않아도 된다. 진리가 무량복덕을 주시니 걱정이 없다.

15강

정신희유분 正信希有分

물이 흐르면 도량이 생긴다

何以故 是諸衆生 無復我相人相衆生相壽者相 無法
하이고 시제중생 무부아상인상중생상수자상 무법
相 亦無非法相 何以故 是諸衆生 若心取相 卽爲着
상 역무비법상 하이고 시제중생 약심취상 즉위착
我人衆生壽者 若取法相 卽着我人衆生壽者
아인중생수자 약취법상 즉착아인중생수자

"무슨 까닭인가? 이 모든 중생이 만약 마음에 상을 취하면 곧 아상, 인상, 중생상, 수자상에 집착함이 되나니, 왜냐하면 만약 법이란 생각을 취하더라도 곧 아상, 인상, 중생상, 수자상에 집착함이며, 만약 그릇된 법이란 생각을 취하여도 곧 아상, 인상, 중생상, 수자상에 집착함이 되느니라."

왜냐하면 이 모든 중생이 모든 천만불소에 선근을 심어서 다시 사상이 없으며 법상도 없으며 법이 아니라는 상도 없다. 그러하기 때문에 그런 것이다. 사상이 가로막아 무량복덕이 오는 것을 막아 더 못 오게 한다. 사상이 없으면 그 사람의 모든 행동과 심법이 천하에 미쳐 거기서 오는 복덕이 한량이 없기 때문에 무량복덕을 얻는다 하신 것이다.

여기서 '법상' 이란 나는 사상이 떨어져서 아집심, 멸시하는 마음, 열등감, 우월감이 없다고 하는 그 마음이 떨어졌다고 생각하는 그 마음이요, '비법상' 은 그 법상마저 끊어졌으나 그 끊어졌다는 상을 놓지 못해 자꾸만 상을 더 만들어 한이 없게 되는 상을 말한다.

何以故 若取非法相 卽着我人衆生壽者 是故 不應取
하이고 약취비법상 즉착아인중생수자 시고 불응취

法 不應取非法 以是義故 如來常說 汝等比丘 知我
법 불응취비법 이시의고 여래상설 여등비구 지아

說法 如筏喩者 法尙應捨 何況非法
설법 여벌유자 법상응사 하황비법

"이러한 까닭으로 마땅히 법에 집착해서도 안 되고, 법이 아닌 것에 집착해서도 안 된다. 그렇기 때문에 여래는 늘 설했다. 너희 비구들이여, 나의 설법은 뗏목과 같음을 알아라. 법도 버려야 하거늘 하물며 법 아닌 것이랴."

왜냐하면 법이 아니라는 관념을 가져도 개아, 중생, 영혼에 집착하는 것이기 때문이다. 그러므로 상을 가지고 있으면 상을 여의지 못한다. 법을 가지고 있으면 법에 사로잡히고 만다. 이런 고로 부처님께서는 "너희들은 내가 말한 법을 뗏목처럼 하라."고 말씀하셨다. 이쪽 강 언덕에서 저쪽 강 언덕으로 뗏목을 타고 건넜으면 목적을 달성하여 끝난 일인데 그 뗏목을 타고 왔다는 마음으로 인하여 그 뗏목을 짊어지고 산으로 올라가는 것과 무엇이 다른가?

이와 같이 그 강을 건너면 뗏목이 필요 없듯이 그 법에 사로잡히면 안 된다는 뜻이다.

16강

무득무설분 無得無說分

얻을 것도 없고 설할 것도 없음

《금강경》 제7장 무득무설분은 얻을 것도 없고 설할 것도 없는 장이다. 참다운 성품이 본래 비어 모든 상과 모든 법이 맑고 깨끗한지라 가히 얻을 것도 없고 가히 설할 것도 없다는 뜻이다.

須菩提 於意云何 如來得阿耨多羅三藐三菩提耶 如
수보리 어의운하 여래득아뇩다라삼먁삼보리야 여
來有所說法耶 須菩提言 如我解佛所說義 無有定法
래유소설법야 수보리언 여아해불소설의 무유정법

名阿耨多羅三藐三菩提 亦無有定法如來可說
명아뇩다라삼먁삼보리 역무유정법여래가설

“수보리야, 내 생각은 어떠하느냐? 내가 제일의 무상대도를 얻을 줄로 생각하고 무상대도를 설했다고 생각하느냐?” 수보리 말씀하시기를, “제가 부처님께서 가르쳐주신 말씀의 뜻을 이해하기로 그 무엇 하나에도 결정되지 아니하였으며, 천하의 무엇 하나에도 포함되지 아니한 것이 얻은 자리를 얻으셨다고 생각하나 실상인즉 얻으신 바가 없으시고, 그 자리를 설하였으나 설하신 바가 없다고 생각하나이다.”

여기서 부처님께서 수보리에게 내가 무상대도를 얻은 줄로 생각하고 무상대도를 설했다고 생각하느냐고 물으신 이유는 전에도 이야기하였지만 부처님의 말씀은 뗏목과 같이 생각하여 물을 건넜으면 이제 그만 뗏목을 놓아버리고 산에 올라가야 할 텐데, 건너온 후에도 뗏목에 대한 착을 놓지 못하고 산을 올라가는데, 뗏목을 이고 가는 사람처럼, 얻고 나면 놓아버려야 하는데, 혹여나 대자대비의 마음에 놓지 못하고 있지 않은가 하고 물어 보신 것으로 생각된다.

그러자 수보리께서 대답하시기를 무상대도를 얻었다고 생각은 되나 실상으로 얻으신 바가 없고 그 자리를 설하였으나 설하신 바가 없다고 생각한다고 대답하신다. 이것은 참으로 부처님 마음에 딱 드는 대답이었을 것이라고 생각된다. 이미 부처님과 수보리의 마음이 하나라고 생각되는 대답이다.

'아뇩다라삼먁삼보리' 는 아는 마음에 망념이 없음이요, '뇩다라' 는 마음에 교만이 없음이요, '삼' 은 마음에 항상 바르게 정함이 있음이요, '먁' 은 마음에 항상 바른 지혜가 있음이다. '삼보리' 는 마음을 항상 비우고 고요하여 한 생각도 잡된 마음이 없어 깨끗함이니 곧 부처의 성품을 본 것이다.

17강

무득무설분 無得無說分

부족함도 남김도 없는 바로 그 자리

何以故 如來所說法 皆不可取 不可說 非法 非非法
하이고 여래소설법 개불가취 불가설 비법 비비법

所以者何 一切賢聖 皆以無爲法 而有差別
소이자하 일체현성 개이무위법 이유차별

"어찌하여 그런가 하면 부처님께서 설하신 바 모든 법은 그 법을 통하여 공부를 하여 나갈지라도 끝내 간직할 필요도 없고, 취할 수도 없는 자리를 취했으며 말이나 글을 통해 나타내면 나타낼수록 그 실상과는 멀어지기 때문에 말할 필요도 없는 자리입니다. 그 현묘한 경지를 법으로 나타내도 어긋나고 비법으로 나타내도 어긋나는 자리를 말씀하셨기 때문입니다. 어떠한 까닭인가 하면 일체 현성들은 다함이 없는 법으로써 차별이 있게 한 까닭입니다."

그리하여 일체 모든 현상들이 이와 같이 미풍 하나라도 움직이면 부서지는 자리를 바탕하여 일체 차별법을 마련했기 때문에 그 일체법이 일체경에도 적중하지도 아니함이 없고 따라서 부족함도 남김도 없는 자리를 얻었다고 생각했다.

법은 법에 고집하여 법에 묶여서 본마음을 깨닫지 못하면 절대로 부처를 이룰 수 없다. 입으로만 외우고 몸과 마음으로 실행이 없으면 법이 아니고, 입으로 외우고 몸과 마음으로 실행하여 마침내 얻은 바도 없음이 비비법, 곧 법마저도 놓아버린 경지가 되는 것이다.

부처님께서 '무유정법' 이란 마음에 얻는 것이 없으며 또한 얻지 못함을 말할 것도 아니건마는 다만 중생들의 소견이 같지 아니하므로 일체 여래께서는 중생들의 근기에 응하여 가지가지 방편으로 인도하여 교화하고 제도하여 그들로 하여금 모든 고집과 애착을 여의게 하심이라고 하셨다.

중생들의 근기와 성품에 따라 깨닫는 바가 서로 다르므로 차별이라고 말하는 것이다.

부처님께서 말씀하신 무위법, 곧 함이 없는 그 법은 곧 머무름이 없는 자리이다. 머무름이 없다는 것은 상이 없다는 것이고 상이 없다는 것은 고요한 자리를 이름이니 그 자리에 다다르면, 텅 비고 고요하여 밝은 지혜를 갖추어 참으로 깨달아 부처님의 성품과 다름이 없는 자리가 되니, 이것이 곧 부처님의 깨달음인 것이다.

또한 이것이 함이 없는 법으로 차별을 보이신 것, 곧 '시중(時中)'이다. 시중은 그 때와 장소에 맞게 그 법을 보이신 것을 말한다.

18강
무득무설분 無得無說分

일체의 법과 성인이 나온 자리

부처님이 말씀하신 무위법과 비슷한 내용이 《대종경》 성리품 제13장에 나와 있다.

대종사 봉래정사에서 모든 제자에게 말씀하시기를 "옛날 어느 학인(學人)이 그 스승에게 도를 물었더니 스승이 말하되, '너에게 가르쳐주어도 도에는 어긋나고 가르쳐주지 아니하여도 도에는 어긋나나니, 그 어찌하여야 좋을꼬?' 하였다 하니, 그대들은 그 뜻을 알겠는가?" 좌중이 묵묵하여 답이 없거늘 때마침 겨울이라 흰 눈이 뜰에 가득한 것을 보시고 대종사 친히 도량(道場)의 눈을 치우시니 한 제자 급히 나가 눈가래를 잡으며 대종사께 방으로 들어가시기를 청하매, 대종사 말씀하시기를, "내가 지금 눈을 치우는 것은 눈만 치우기 위함이 아니라 그대들에게 현묘한 자리를 가르침이노라."

'법' 이라는 것은 추우면 춥고 더우면 덥다고 하는 것이 법이다. '불법' 이라는 것은 목마르면 물 마시고, 배고프면 밥 먹고, 잠이 오면 자고, 어디에도 착되지 않고 깨끗한 마음이 법이다. 이 글을 보고 '그럼 하고 싶은 대로 하는 것이 불법인가?' 라고 생각할지 모르겠지만 그것이 아니라 그 장소와 시간과 상황과 경계에 따라 그것에 꼭 맞게 행동하는 것이 법이라는 것이다.

정산 종사께서 쓰신 소태산 대종사 비명병서에 보면 소태산 대종사의 "처사는 뇌뇌낙낙하시나 세세곡절의 진정을 통해 주시며, 옛 법을 개조하시나 대의는 더욱 세우시고, 시대의 병을 바루시나 완고에는 그치지 않게 하시며, 만법을 하나에 총섭하시나 분별은 오히려 역력히 밝히시고, 하나를 만법에 시용하시나 본체는 항상 여여히 드러내사"라고 대종사의 심법을 말씀하셨다.

이와 같이 여래의 심법은 중생이 보기에는 차별이 있으신 것 같으나 차별이 없으며 또한 그 때와 장소에 꼭 맞게 행하는 것을 볼 수 있다. 이것이 우리가 삼학 공부를 하는 이유이다. 정신 수양을 잘하여 불같이 일어나는 마음을 고요히 하고, 사리 연구를 잘하여 밝은 지혜를 얻어 때와 장소에 맞게 작업취사를 함으로써 늘 법에 맞는 생활을 하는 것이 이 법을 깨달은 것이다.

《금강경》은 모든 번뇌를 깨뜨리는〔能斷一切〕 반야의 지혜가 갊아 있는 경전이니, 독송에만 안주하고 그 속에 담긴 깊은 의미를 체득하지 못한다면 천만 년 《금강경》을 공부해도 아무 소용이 없다.

19강

의법출생분 依法出生分

진리로 다시 태어나는 새 생명

모든 부처님의 깨달음과 깨닫는 법이 다 이 반야바라밀법에 의지하여 출생하므로 법에 의지하여 낳고 낳는 것이다.

須菩提 於意云何 若人 滿三千大千世界七寶 以用布
수보리 어의운하 약인 만삼천대천세계칠보 이용보
施 是人 所得福德 寧爲多不 須菩提言 甚多世尊 何
시 시인 소득복덕 영위다부 수보리언 심다세존 하
以故 是福德 卽非福德性 是故如來說福德多
이고 시복덕 즉비복덕성 시고여래설복덕다

"수보리야, 네 생각은 어떠하냐? 어떤 사람이 삼천대천 세계에 가득 찰 만큼의 일곱 가지 보배로써 보시를 하였다면, 그 사람의 얻은 바 복덕이 많겠느냐? 적겠느냐?" 수보리가 아뢰었다. "매우 많겠나이다. 세존이시여. 왜냐하면 이 복덕은 바로 복덕의 본질이 아닌 까닭에 여래께서는 복덕이 많다고 하셨기 때문입니다."

여기서도 여래께서 수보리에게 물어 보실 때 어떤 마음으로 물어 보셨는지 잘 생각해야 한다.

삼천대천 세계에 가득 찰 만큼 일곱 가지 보배로 보시를 하면 물론 그 보시가 참으로 엄청나다 할 것이다.

하지만 그것은 유루로 지은 보시, 곧 현상 있는 이 세계에서 지은 형상 있는 보시이므로 수보리께서도 대답하실 때에 "많겠나이다."라고 하셨다. 이미 그것은 많다고는 하셨지만 많지 않다는 것을 알고 계신 것이다.

이 장에는 가장 중요한 단어는 복덕성(福德性)이다.

'복덕성' 이라는 것은 복덕과는 다르다. 복덕과 복덕성이 다른 것은 '복덕' 은 앞에서도 말한 유루로 지은 형상 있는 복덕이고, 복덕성은 복이 아닌, 복덕이 많으니 적으니를 떠난 무루의 복덕을 말하는 것이다.

여기서 물질 칠보는 금, 은, 유리, 호박, 진주, 자거, 마노 등을 말하며, 인성칠보는 어여삐 여기고〔慈〕, 불쌍히 여기고〔悲〕, 기쁘게 하고〔喜〕, 베풀어주고〔捨〕, 어질고〔仁〕, 옳으며〔義〕, 지혜롭고〔智〕, 착한〔善〕 마음을 말한다.

20강

의법출생분 依法出生分

형상 있는 복덕보다 법보시가 중요

若復有人 於此經中 受持乃至四句偈等 爲他人說 其
약부유인 어차경중 수지내지사구게등 위타인설 기
福勝彼 何以故 須菩提 一切諸佛 及諸佛阿耨多羅三
복승피 하이고 수보리 일체제불 급제불아뇩다라삼
藐三菩提法 皆從此經出
먁삼보리법 개종차경출

"다시 어떤 사람이 이 경의 사구게만이라도 받아 지니고 다른 사람을 위해 설해 준다고 하자. 그러면 이 복이 저 복보다 더 뛰어나다. 왜냐하면 수보리여 모든 부처님과 모든 부처님의 가장 높고 바른 깨달음의 법은 다 이 경에서 나왔기 때문이다."

이 부분이 무루보시가 유루보시보다 중요함을 밝히신 부분이다. 예를 들어 이웃집에 샘이 없는데 칠보보시는 날마다 물을 길어다주는 것이고, 《금강경》의 한 구절이라도 설해 주는 것은 직접 샘을 파는 방법을 가르쳐주는 것이니, 이것이 복덕과 복덕성의 차이라고 할 수 있다.

진실로 중요한 것은 물질적으로 아무리 타인에게 복을 짓는다 할지라도 그 사람에게 진실한 법을 전해 주는 것이 더 중요하다는 말씀이다. 죽어 가는 사람에게 수천 억 원을 준들 무슨 소용이 있겠는가? 생사의 도를 알려 주고 편안한 마음으로 열반에 들 수 있도록 법을 설해 주는 것이 훨씬 더 큰 복을 짓는 것이라 하겠다.

須菩提 所謂佛法者 卽非佛法
수보리 소위불법자 즉비불법

"수보리여, 부처의 가르침이라고 말하는 것은 부처의 가르침이 아니니라."

마지막에 또 한 번 부처님의 대자대비하심이 나온다. 《금강경》 제7장에서 법에 묶이지 말라고 당부하시고는 제8장에서는 형상 있는 복덕보다는 법보시가 훨씬 중요하다고 말씀하시고, 혹시라도 이 법이 중요하다고 하면 또 법에 묶일까 봐 조심 또 조심하라고 마지막에 부촉하는 부분이다.

일체 경전과 모든 성현이 여기에서 나온다는 사실이 공부하다 보면 느껴진다. 그러므로 이 법(삼먁삼보리 = 무상대도)에 묶일까 싶어 경계하시는 말씀을 하셨지만, 무한한 복이 여기서 나오고, 모든 경전이 여기서 나오고, 모든 부처님과 성현이 여기서 나오기 때문에 입으로만 외우지 말고 마음으로 증득해서 부처의 행을 나타낼지언정 불법에 묶이지 말아야 하겠다.

21강

일상무상분 一相無相分

부처는 일원상을 알았으나, 그 알았다는 상이 없다

우리 공부가 조각사들이 조각하는 것과 같다. 수행으로 만든 인격과 수행 없이 만들어진 인격은 다르다. 또한 수행의 단계에 따라 인격의 차원도 다른 것이다. 여기서 인격을 만들어 놓고도 그 상이 없어야 참인격을 이룬 것이다.

須菩提 於意云何 須陀洹 能作是念 我得須陀洹果不
수보리 어의운하 수다원 능작시념 아득수다원과부
須菩提言 不也世尊 何以故 須陀洹 名爲入流 而無
수보리언 불야세존 하이고 수다원 명위입류 이무

所入 不入色聲香味觸法 是名須陁洹
소입 불입색성향미촉법 시명수다원

"수보리야, 네 뜻에 어떠하냐? 수다원(須陀洹)이 능히 이러한 생각을 하되 '내가 수다원 과(果)를 얻었다.' 하겠느냐?"

수보리 말씀하되, "아니옵니다 세존이시여. 어찌한 연고인가 하오면 수다원은 입류(入流)라 이름하오나 들어간 바가 없사오니 빛과 소리와 냄새와 맛과 부딪침과 법에 물들지 아니할새 이를 수다원이라 이름하나이다."

'수다원' 은 입류(入流)란 뜻이다. 흘러들어가나 들어간 바가 없다. 색성향미촉법에 들어가지 않을 새 수다원이라 한다. '입류' 란 불보살 세계로 들어선 때이다. 들어가나 들어간 바가 없다. 즉, 색성향미촉법에 물든 바가 없는 것이다. 불위역순뇌(不爲逆順惱)하고 무위성색전(無爲聲色轉)하는 것이다. 이 단계까지 가야 수다원이다.

예를 들면, 술, 담배를 먹고 피우던 사람이 갑자기 끊으려고 하다 보면 몸에서 코피가 나기도 한다. 이렇게 오랫동안 물든 것을 끊으려 애를 써서 끊고 보면, 나중에는 끊을 것이 없게 된다. 이 정도까지 가는 것이다. 물이 안 들었다는 것은 아이와 같다. 안 들었다는 것도 없는 경지에 가는 것이다.

곧 육진에 물들지 않고 한결같이 샘이 없는 업을 닦아 굵고 무거운 번뇌가 나지 아니함을 얻어 결정코 지옥이나 축생이나 아수라 같은 딴 무리의 몸을 받지 아니함을 이름하여 수다원이라 하나니, 만약 상 없는 법을 알면 곧 과를 얻은 마음이 없음이니, 조금이라도 과를 얻었다는 마음이 있으면 곧 수다원이라 이름하지 못할새 고로 "아닙니다." 라고 말씀하심이다.

22강

일상무상분 一相無相分

성자의 네 가지 지위 성문사과(聲聞四果)

수다원은 입류(入流)란 뜻이라 했다. 여기서 '류' 라 하는 것은 거룩한 무리〔聖類〕니 수다원을 얻은 사람은 굵고 무거운 번뇌를 여읜 고로 성스러운 류에 들어감이요, 들어감이 없다 한 것은 과를 얻었다는 마음이 없음이며, 수다원이란 것은 닦아 행하는 사람의 첫째 과〔初果〕이다. 일상무상분에서는 수다원, 사다함, 아나함, 아라한 등 성자의 네 가지 지위, 곧 성문사과(聲聞四果)가 나타나고 있다.

상좌부(上座部, Theravada) 불교에서는 아라한이 되는 것이 불교 수행자가 추구해야 할 목표라고 보고 있다. 팔리어 불교

경전은 아라한이 되는 4단계를 다음과 같이 밝히고 있다.

'수다원(須陀洹)'은 팔리 원어 소타판나(sotapanna, 전향)를 음사한 말로써 번역하여 예류(預流) 또는 입류(入流)라고도 한다. 미혹을 끊고 성자의 대열에 들어선 사람이며 부처와 그의 가르침과 승(僧)가에 대한 잘못된 믿음과 의심을 극복함으로써 도달되는 단계이다.

'사다함(斯陀含)'은 사카다가민(sakadagamin)의 음사이며 일래(一來)로 번역된다. 한 번 다시 태어나면 다시는 재생하는 일이 없는 사람이며 탐욕과 증오와 미망을 줄임으로써 도달되는 단계이다.

'아나함(阿那含)'은 안아가민(anagamin)의 음사이며 불환(不還) 또는 불래(不來)라고 번역된다. 욕계(欲界)의 번뇌를 모두 끊어 결코 다시 태어나는 일이 없는 성자를 가리킨다. 죽은 다음 색계나 무색계에 나고 거기에서 아라한의 경지에 이르게 된다. 이는 앞의 두 단계를 얻은 뒤 감각적 욕망과 그릇된 의지를 이겨내면서 얻게 된다.

'아라한(阿羅漢)'은 팔리어 아라한트(arahant)의 음사이며 '고귀한 사람' 이라는 뜻이다. 이는 완전해진 사람, 존재의 참 본질에 대한 통찰을 얻어 열반(涅槃) 또는 깨달음에 이른 사람을 일컫는다. 불도(佛道)를 성취하는 데보다 높은 목표가 보살이라고 확신하는 대승불교에서는 아라한의 이상을 비판한다. 왜냐하면 보살은 깨달음을 얻을 수 있는 데도 다른 사람들을 위해서 윤회하는 세계에 남아 있기를 서원한 사람이기 때문이다. 아라한을 약칭하여 '나한' 이라고도 한다.

23강

일상무상분 一相無相分

사다함과 아나함

須菩提 於意云何 斯陀含 能作是念 我得斯陀含果不
수보리 어의운하 사다함 능작시념 아득사다함과부

須菩提言 不也世尊 何以故 斯陀含 名一往來 而實
수보리언 불야세존 하이고 사다함 명일왕래 이실

無往來 是名斯陀含
무왕래 시명사다함

"수보리야, 네 뜻에 어떠하냐? 사다함이 능히 이러한 생각을 하되, '내가 사다함과를 얻었다.' 하겠느냐?" 수보리 말씀하되 "아니옵니다 세존이시여. 어찌한 연고인가 하오면 사다함은 한 번 왕래한다 이름 하오나 실은 가고 옴이 없을새 이를 사다함이라 이름 하나이다."

왕래가 없을새 사다함이라 한다. 사다함이란 일왕래(一往來)이다. 한 번 갔다 옴이다. 일왕래라는 것은 색성향미촉법이 나에게 들어와서 자리를 잡지 못한다는 것이다. 내왕은 하는 것이다. 하지만 금방 쫓아내는 것이다. "예, 나가겠습니다." 한다. 대승 사다함이라는 것은 모든 경계에 대하여 마음이 한 번 낳고 한 번 없어짐이 있고, 두 번째 낳고 없어짐이 없는 고로 이름하여 한 번 갔다 온다 함이요. 앞생각이 망념을 일으키나 뒷생각이 곧 그치고 먼저 생각이 착이 있으매 뒷생각이 곧 떠나 실로 갔다 온 것이 없는 고로 이름하여 사다함이라 한다.

須菩提 於意云何 阿那含 能作是念 我得阿那含果不
수보리 어의운하 아나함 능작시념 아득아나함과부
須菩提言 不也世尊 何以故 阿那含 名爲不來 而實
수보리언 불야세존 하이고 아나함 명위불래 이실
無不來 是故 名阿那含
무불래 시고 명아나함

"수보리야, 네 뜻에 어떠하냐? 아나함이 능히 이러한 생각을 하되 '내가 아나함 과를 얻었다.' 하겠느냐?"

수보리 말씀하되, "아니옵니다 세존이시여. 어찌한 연고인가 하오면 아나함은 오지 않는다고 이름하오나 실은 오지 않음이 없을새 이런 고로 아나함이라 이름하나이다."

'아나함' 이란 오지 않는다는 것〔不來〕이다. 그러나 불래라는 것도 없다. 아닌 생각이 넘나들지 못한다. 그 마음이 도심으로 가득 차 있기 때문이다. 욕심을 벗어났다는 것은 밖으로 욕심의 경계를 보지 못하고 안으로 욕심에 가히 얻을 것이 없어 결정코 욕계를 향하여 낳음을 받지 아니하므로 이름하여 오지 않는다 함이요. 실로 오지 않음이 없은 것 또한 이름하여 돌아오지 않는다 함이니 욕심과 습기가 다함으로써 결정코 와서 낳음을 받지 아니하므로 이름하여 아나함이라 한다.

須菩提 於意云何 阿羅漢 能作是念 我得阿羅漢道不
수보리 어의운하 아라한 능작시념 아득아라한도부
須菩提言 不也世尊 何以故 實無有法 名阿羅漢
수보리언 불야세존 하이고 실무유법 명아라한

"수보리야, 네 뜻에 어떠하냐? 아라한(阿羅漢)이 능히 이러한 생각을 하되 "내가 아라한 도(道)를 얻었다." 하겠느냐. 수보리 말씀하되 "아니옵니다 세존이시여. 어찌한 연고인가 하오며 실로 법 있음이 없을새 아라한이라 이름하나이다."

24강

일상무상분 一相無相分

일원상만 남는 바로 그 자리

世尊 若阿羅漢 作是念 我得阿羅漢道 卽爲着我人衆
세존 약아라한 작시념 아득아라한도 즉위착아인중
生壽者
생수자

"세존이시여 '나는 아라한의 경지를 얻었다.' 고 생각한다면, 개아, 중생, 영혼에 집착하는 것입니다."

만약 그와 같이 백척간두에 올라갔다 하여도 올라간 그 자리에서 '내가 얻었다, 올라갔다.' 하면 낙동강 오리알 떨어지듯이 중생계로 딱 떨어진다. 그래서 아라한도를 얻었다는 것도 없는 것이 이 아라한이다.

世尊 佛說我得無諍三昧人中 最爲第一 是第一離欲
세존 불설아득무쟁삼매인중 최위제일 시제일이욕
阿羅漢 我不作是念 我是離欲阿羅漢
아라한 아부작시념 아시이욕아라한

"세존이시여, 부처님께서 저를 다툼없는 삼매를 얻은 사람 중에서 제일이고, 욕망을 여읜 제일 가는 아라한이라고 말씀하셨습니다. 저는 제가 욕망을 여읜 아라한이라고 생각하지 않습니다."

무쟁삼매에 대해서는 부처님께서 굽이굽이 대자대비로 잘 밝혀 주셨다. 느껴야 된다. 무쟁삼매에 대해서 음미해 봄직하다.

내 마음 가운데 시비가 끊어진 것, 상대된 것이 끊어진 것, 다툼이 없어진 것이 무쟁삼매이다. 내 마음 속에서 해야겠다고 이끄는 것과 함을 당하는 것이 없어서 그저 할 뿐이다. 법이 있지 않다. 평범으로 돌아간 것이다.

世尊 我若作是念 我得阿羅漢道 世尊 卽不說 須菩
세존 아약작시념 아득아라한도 세존 즉불설 수보

提是樂阿蘭那行者 以須菩提實無所行 而名須菩提
리시요아란나행자 이수보리실무소행 이명수보리

是樂阿蘭那行
시요아란나행

"세존이시여, 제가 '아라한의 경지를 얻었다'고 생각한다면, 세존께서는 '수보리는 적정행을 즐기는 사람이다. 수보리는 실로 적정행을 한 것이 없으므로, 적정행을 즐긴다고 말한다.' 고 설하지 않았을 것입니다."

'아부작시념(我不作是念) 아시리욕아라한(我是離慾阿羅漢).' 은 욕심을 떠났다는 것도 없는 상태이다. 만약 다툼이 있으면 아라한이 아니다는 뜻이다.

다툼이 없다는 것은 번뇌를 가히 끊을 것이 없으며 탐욕과 성냄을 가히 여읠 것이 없으며, 뜻에 어김과 순종함이 없어 마음과 경계가 함께 비고 안과 밖이 항상 고요한 이것이 아라한이다. 아라한은 마음에 오고 가는 것이 없으며 오직 근본 깨달음이 있어 항상 비추는 고로 다툼이 없는 것을 '삼매' 라 이름했다. 삼매는 정수(正受)이며, 정견(正見)이며, 모든 사견(邪見)을 여의고 정견함이다. 만약 한 생각이라도 과를 얻었다는 마음이 있으면 무쟁삼매(無諍三昧)라 할 수 없다.

25강

장엄정토분 莊嚴淨土分

장엄을 해야 값진 인격

"정토를 장엄하는 분이다."는 말씀이다. 닦아 행하는 보살이 자기의 마음땅〔心地〕인 정토를 반야바라밀법으로 깨끗이 정화시켜 장엄하나, 마음 가운데 장엄한다는 상이 비어 허공같이 여여하다는 뜻이다. 지금까지 이것도 저것도 다 없애라 해 놓고, 닦으라 해 놓고, 무상대도라 하는 그것까지도 없애라, 다 털어버리라는 그 말씀을 했다. 그 말씀이 바로 정토다. 농사를 지으려면 밭을 깨끗이 하여(잡초도 없애고, 돌도 없애서) 그곳에 곡식을 가꾼다. 건축할 때 먼저 깨끗이 터 닦음을 하고 훌륭한 건물을 짓는다.

정토란 바로 우리 마음 가운데 사사로운 잡것을 다 깨끗이 털어버리고 그 심지에 장엄을 한다. 그 땅에 장엄을 해야 참으로 값진 땅이 된다. 우리 마음도 깨끗이 털어버리고, 훌륭하게 장엄을 해야 값진 인격이 된다.

佛告須菩提 於意云何 如來 昔在燃燈佛所 於法有所
불고수보리 어의운하 여래 석재연등불소 어법유소
得不 不也世尊 如來在燃燈佛所 於法實無所得
득부 불야세존 여래재연등불소 어법실무소득

부처님께서 수보리에게 고하시되, "네 뜻에 어떠하냐, 여래가 옛적에 연등불(燃燈佛) 처소에 있어 법에 얻은 바가 있느냐?" "아니옵니다 세존이시여. 여래께서 연등불 처소에 계시사 법에 실로 얻은 바가 없나이다."

부처님께서 수보리가 법을 얻는다는 마음이 있을까 두려워하시사 이 의심을 없애기 위하여 물으시거늘 수보리법을 얻는 바 없는 것임을 알으시사 부처님께 사뢰어 말씀하되 아닙니다 하신 것이다.

연등불은 이 석가모니불에게 기별을 주신〔授記〕 스승이므로, 수보리에게 내가 스승의 처소에서 법을 듣고서 법에 가히 얻은 것이 있었겠느냐? 하고 물으시니 수보리 이르시되,

'법은 곧 스승의 열어보이심으로 인하였으나 실로 얻은 것은 없습니다. 다만 스스로 성품이 본래 맑고 깨끗하여 근본 진로(塵勞)가 없고 고요히 항상 비춤을 깨달으면 곧 스스로 부처를 이룸일새 응당 세존께서 연등불소에 계시사 법에 실로 얻은 바 없음을 알겠나니 비유컨대 낮빛〔日光〕이 밝게 비추어〔明照〕 가와 끝이 없어 가히 취하지 못함 같나이다.' 하신 것이다.

26강

장엄정토분 莊嚴淨土分

본래 마음 바탕이 불토

須菩提 於意云何 菩薩 莊嚴佛土不 不也世尊 何以
수보리 어의운하 보살 장엄불토부 불야세존 하이
故 莊嚴佛土者 卽非莊嚴 是名莊嚴
고 장엄불토자 즉비장엄 시명장엄

"수보리야 네 뜻에 어떠하냐, 보살이 불토를 장엄하느냐?" "아니옵니다 세존이시여. 어찌한 연고인가 하오면 불토를 장엄한다는 것은 곧 장엄이 아닐새 이것을 장엄이라 이름 하나이다."

'불토' 라고 하면 청정한 상태, 무상, 무념으로 아무것도 없는 것이다. 깨끗이 청소가 된 마음 바탕이 불토다. 색성향미촉법에 물들지 않고, 색수상행식 오온에도 물들지 않고, 상에도 법상 비법상에도 주착되지 아니한 이러한 깨끗이 청소가 된 우리의 본래 마음 바탕이 불토이다. 아무것도 없는데 거기를 무엇으로 장엄하느냐? 오직 정과 혜의 이보(二寶)로써 장엄을 해야 이것을 일러서 장엄이라 한다. 다시 말해 삿된 욕심, 사사로움이 없는 우리 마음에 어진 마음, 의로운 마음, 예를 지키는 마음, 지혜로운 마음, 자비로운 마음, 계정혜, 사랑의 마음, 충효열을 충만하게, 이러한 것들로 장엄을 하는 것이다.

중앙총부 영모전, 기념관 자리가 예전에는 더러운 곳이었는데, 여기를 깨끗이 청소하고 나무 심고, 훌륭한 영모전 기념관이 들어서니까 얼마나 좋은가! 우리 마음도 재색명리, 사상을 다 깨끗이 청소하고 정혜 두 가지 보배, 인의예지, 자비, 충효열을 충만하게 하는 장엄을 해야 땅값이 올라간다.

그런데 왜 여기서 장엄이란 말이 나왔는가? 지금까지는 없애라고만 했는데, 주착도 없고, 상대 없애고, 무상대도도, 법도 없애라고 했는데. 아무것도 없이하고 뭐하자는 것이냐? 그냥 쓸모 없게 하자는 것이 아니다. 여기다 장엄하여 무한한 가치가 나오게 하자는 것이다. 이렇게 장엄을 해놓고도 실상 내가 장엄했다 하는 상 그것을 없게 하자는 것이다.

육조 대사는 장엄에 대하여 세간불토 장엄, 신불토 장엄, 심불토 장엄(으뜸 장엄)으로 말씀하셨다.

세간불토 장엄은 절을 짓고 경을 만들어 보시하는 공양이다. 신불토 장엄은 일체인에게 공경을 하고, 심불토 장엄은 마음이 청정하여 부처님 마음을 차곡차곡 건설하는 것을 제일 으뜸이라고 하셨다.

27강

장엄정토분 莊嚴淨土分

불토 장엄과 청정심

是故 須菩提 諸菩薩摩訶薩 應如是生淸淨心 不應住
시고 수보리 제보살마하살 응여시생청정심 불응주
色生心 不應住聲香味觸法生心 應無所住 而生其心
색생심 불응주성향미촉법생심 응무소주 이생기심

"그러므로 수보리여, 모든 보살마하살은 이처럼 깨끗한 마음을 내어야 한다. 형색에 집착하지 않고 마음을 내어야 하고, 소리, 냄새, 맛, 감촉, 마음의 대상에도 집착하지 않고 마음을 내어야 한다."

모든 도를 닦고 행하는 사람이 응당 남의 옳고 그름을 말하지 말 것이니 스스로 내가 잘하고 내가 안다 하여 마음 속에 배우지 못한 이를 업신여기면 이 청정한 마음이 아니다. 자기 성품에 항상 지혜를 내어 평등한 자비심을 행하며 내 마음을 낮추고 일체 중생을 공경함이 닦아 행하는 사람의 맑고 깨끗한 마음이다.

만약 스스로 그 마음을 밝히지 못하고 맑고 깨끗함에 애착하여 마음에 머무른 바 있으면 곧 법상(法相)에 집착함이다. 색을 보고 색에 착하여 색에 머문 마음을 내면 곧 미혹한 사람이요, 색을 보되 색을 여의어 색에 머물지 아니한 마음을 내면 깨달은 사람이다. 색에 머물러 마음을 내는 것은 구름이 하늘을 가린 것 같고, 색에 머물지 아니하고 마음을 내는 것은 허공에 구름이 없어 해와 달이 항상 비침과 같다. 색에 머물러 마음을 내는 것은 곧 망녕된 생각이요, 색에 머물지 않고 마음을 내는 것은 곧 참된 지혜니, 망녕된 생각이 나면 곧 어둡고, 참다운 지혜 비치면 곧 밝을 것이다. 밝으면 곧 번뇌가 일어나지 못하고, 어두우면 곧 육진(六塵)이 다투어 일어나게 된다.

그러므로 이와 같이 깨끗이 청소하고 장엄을 하여 응용할 때에도 주착한 바 없이 그 마음을 쓰라는 것이다. '내라〔生〕' 하는 것은 그 마음을 '쓰라〔用〕' 는 것이다.

須菩提 譬如有人 身如須彌山王 於意云何 是身爲大
수보리 비여유인 신여수미산왕 어의운하 시신위대
不 須菩提言 甚大世尊 何以故 佛說非身 是名大身
부 수보리언 심대세존 하이고 불설비신 시명대신

"수보리여, 어떤 사람의 몸이 산의 왕인 수미산만큼 크다면 그대 생각은 어떠한가, 그 몸이 크다고 하겠는가?" 수보리가 대답했다. "매우 큽니다. 세존이시여, 왜냐하면 부처님께서는 몸 아님을 설하셨으므로, 큰 몸이라 말씀하셨기 때문입니다."

색신이 비록 크나 속마음에 작다고 헤아리면 큰 몸이라 이름하지 못하고, 속마음에 크다고 헤아려야 이를 곧 큰 몸이라 이름할 것이다. 지금까지 불토장엄과 청정심을 이야기하였다. 이와 같이 '장엄' 이란 그 규모가 다른 것이다. 눈꼽 만한 방을 자기 것으로 알고 장엄하는 것과 수미산만한 장엄은 다른 것이다. 장엄이란 그런 것이다. 부처님께서 말씀하신 수미산만한 몸이라는 것은 불신이다, 법신이다. 형상 없는 큰 몸, 바로 그러한 법신의 인격이다.

28강

무위복승분 無爲福勝分

함이 없는 복의 우월함

《금강경》 제11장 무위복승분은 무위(無爲)의 복이 승(勝)하다는 것을 설명한다. 이 《금강경》을 받아, 지니고, 읽고, 외우고 사람들을 위하여 설하여 주면함이 없는〔無爲〕 응복〔應福〕이 한량없어, 저 칠보로써 보시하여 얻는 함이 있는〔有爲〕 보복(報福)보다 훨씬 승(勝)하다는 뜻이다.

須菩提 如恒河中所有沙數 如是沙等恒河 於意云何
수보리 여항하중소유사수 여시사등항하 어의운하
是諸恒河沙 寧爲多不 須菩提言 甚多世尊 但諸恒河
시제항하사 영위다부 수보리언 심다세존 단제항하

尙多無數 何況其沙
상다무수 하황기사

"수보리야, 항하 가운데 있는 모래 수와 같이 많은 항하가 있다면, 네 뜻에 어떠하냐, 이 모든 항하 가운데 있는 모래가 정녕코 많다 하겠느냐?" "심히 많습니다. 처음 항하의 모래 수도 많은데, 그 모래알만큼 또 있는 항하가 얼마나 많겠습니까?"

그 항하에 있는 모래알 수가 천문학적인 숫자인데, 그 모래알만큼 또 항하가 있다는 말이다. 이렇게 그 항하에 있는 모래알만큼의 항하가 있다고 하면 그 항하가 얼마나 많겠는가!

須菩提 我今實言告汝 若有善男子善女人 以七寶滿
수보리 아금실언고여 약유선남자선여인 이칠보만
爾所恒河沙數三千大千世界 以用布施 得福多不 須
이소항하사수삼천대천세계 이용보시 득복다부 수
菩提言 甚多世尊
보리언 심다세존

"수보리야, 내가 이제 실다운 말로 너에게 말을 할 것이니, 만약 선남자, 선여인이 있어서 칠보로써, 칠보가 얼마만큼 있냐 하면은 그 뒤에 말한 그 항하에 있는 모래알 수만큼 많은 항하에 있는 모래알 수만큼 많은 세계에 가득 찬 그 칠보로 보시를 계속할 것 같으면 그 복을 얻는 것이 많다고 하겠느냐?" "심히 많겠습니다. 세존이시여!"

부처님께서 당신도 말씀을 하시려고 하니까 어이가 없으셨는지, 수보리가 안 믿을 줄 알고 미리 내가 거짓말이나 부황한 말을 하는 것이 아니라 실다운 말로 하는 것이라고 전제하신 말씀이다.

만약 이 부황한 말씀을 듣고 다 심지광란을 일으키고 호의불신할까 봐 미리 전제를 하고 말씀 하시는 것이다. 이 다음에 하는 말씀을 의심하지 말고 믿으라는 말씀이다.

29강

무위복승분 無爲福勝分

무진장의 보고가 샘물처럼 솟아날 일

佛告須菩提 若善男子善女人 於此經中 乃至受持四
불고수보리 약선남자선여인 어차경중 내지수지사
句偈等 爲他人說 而此福德 勝前福德
구게등 위타인설 이차복덕 승전복덕

부처님께서 수보리에게 말씀하시되, "만일 선남자, 선여인이 이 경 가운데 내지 사구게 등을 받아 가져 다른 사람을 위해 설해 주면 이 복덕이 앞에 말한 복덕보다 승하리라. 앞에 말한 항하사 모래알 수 만큼의 항하. 그 만큼의 칠보로 보시하는 그 복덕이 얼마나 큰 것인가!"

하지만 그 복덕보다 《금강경》의 사구게 하나를 전해 주는 복덕이 더욱 더 크다는 말씀이다. 수보리가 혹 믿지 않을까 하여 부처님께서는 내가 실다운 말〔實言〕로 하신다고 앞서 말씀하신 것이다.

우리가 물질로 큰 보시를 하는 것도 중요하지만 대서원을 세우고 출가하여 어둠에 헤매는 모든 인류를 낙원세계로 인도하는 성직의 길을 가는 것은 그 복이 헤아릴 수 없다는 말씀이다. 이것이 바로 '복덕과 복덕성' 이다. 다시 말해 윗집에 샘이 없으면 물을 길어다 줄 것인가, 아니면 샘을 파는 방법을 가르쳐 줄 것인가? 《금강경》 한 구절을 설해 주는 것은 샘 파는 방법을 알려주는 것과 같다 할 것이다. 결국 복덕성은 자각, 자수, 자립을 하는 길을 가르쳐 주는 것이다.

일찍이 좌산 상사께서 "일 년에 삼천 석 정도 받을 복이 되어야 전무 출신을 하는 것이다."고 하신 말씀을 50년 전에 받든 적이 있다. 그때는 참으로 황당한 말씀을 하신다고 생각했는데, 세월이 흐를수록 하늘에 닿는 복이 아니면 전무 출신을 서원할 수 없고, 비록 출가를 했다 하더라도 복이 없는 사람들은 환속을 하게 되는 것이라 생각하게 되었다.

30강
존중정교분 尊重正教分

바른 가르침을 존중히 하는 대문

《금강경》 제12장 존중정교분은 바른 가르침을 존중히 하는 대문이다.

이 《금강경》이 있는 곳에는 존중하는 제자들이 있고, 바른 가르침을 주고받는 회상이 열려진다는 말씀이다.

復次須菩提 隨說是經 乃至四句偈等 當知此處 一切
부차수보리 수설시경 내지사구게등 당지차처 일체
世間天人阿修羅 皆應供養 如佛塔廟 何況有人 盡能
세간천인아수라 개응공양 여불탑묘 하황유인 진능

受持讀誦
수지독송

"또한 수보리야, 따라서 이 경을 설하되 이에 사구게 등에 이르면 마땅히 알라. 이곳은 일체 세간 천인(天人) 아수라가 다 마땅히 공양하기를 부처님의 탑묘와 같이 할 것이어든 어찌 하물며 사람이 있어 다 능히 받아 가지며 읽어 외움이겠느냐?"

이 사구게가 있는 곳에는 일체 천인 세간 아수라가 다 같이 공양을 하고, 부처님의 탑묘와 같이 받들고 절을 하고, 발심 신앙을 할 것이다. 다시 말하면, 하나의 회상이 거기에서 벌어질 것이라는 말씀이다. 그런데 앞서 경을 설하고, 사구게 등이 있다고 하는 것은 단순히 문자를 설명하는 식이 아니다. 성현이 진짜 이 자리를 투득하셔 가지고 이것을 불불계세로 이어가시는 이러한 회상을 의미한다.

경전의 가르침을 주고받는 이런 곳에서도 그러할진대 항차 거기에 사람들이 많이 모여 그것을 수지하고 독송하고 실천하게 되면 더 말할 것이 있겠느냐는 말씀이다.

須菩提 當知是人 成就最上第一希有之法 若是經典
수보리 당지시인 성취최상제일희유지법 약시경전

所在之處 卽爲有佛 若尊重弟子
소재지처 즉위유불 약존중제자

"수보리야 마땅히 알라. 이 사람은 최상 제일 희유한 법을 성취할 것이니 이와 같은 경전이 있는 곳은 곧 부처님과 존중한 제자가 있음과 같나니라."

이와 같이 수지독송을 하고 이렇게 또 사구게를 받들어 행하는 사람들은 그 가장 희유하고 만법으로 더불어서 짝할 수 없는 무등등한 어떤 것과도 무리를 같이 할 수 없는 그런 법을 성취할 것이라는 말씀이다. 그리고 거기에는 반드시 부처님과 같은 주세성자와 존중한 제자들이 있게 마련이다. 아무 스승과 제자가 없는 것이 아니다.

31강

여법수지분 如法受持分

법과 같이 받아 지녀라

《금강경》 제13장 여법수지분은 여여한 진리의 법을 수지하라는 것을 말씀하신 장이다.

爾時 須菩提白佛言 世尊 當何名此經 我等云何奉持
이시 수보리백불언 세존 당하명차경 아등운하봉지

이 때에 수보리 부처님께 사뢰어 말씀하되, "세존이시여, 마땅히 이 경을 무엇이라 이름하오며 우리들이 어떻게 받들어 가지오리까?"

부처님의 말씀을 수보리가 잘 받들고 보니 이 말씀이 너무나 소중해서 자기 혼자 듣기에는 아까워 도저히 그냥 혼자 듣고 넘길 수가 없었다.

그래서 "이 경에 이름을 붙여서 후래를 위해서 남겨야 되겠다. 그래서 자자손손 만대에 이것을 전해야겠다. 만대의 법으로서, 만대의 경전으로서 전해야겠다."는 생각이 들었다. 그래서 "이 경의 이름을 무슨 경이라고 해서 받들어 가지오리까?" 하고 부처님께 사뢰는 대목이다.

佛告須菩提 是經 名爲金剛般若波羅蜜 以是名字 汝
불고수보리 시경 명위금강반야바라밀 이시명자 여
當奉持
당봉지

부처님께서 수보리에게 고하시되, "이 경은 이름이 금강반야바라밀이니 이 이름으로써 너희는 마땅히 받들어 가질지니라."

여기에 대해서 야보가 이렇게 말했다. 금일에 소출대부로다. 지금까지 《금강경》 도리에서 곱이곱이 많은 이야기를 해주셨지만, 그야말로 이 무유정법의 자리, 아뇩다라삼먁삼보리의 자리는 그 이야기를 말하기로 하면 한량이 없고, 일 년 열두 달을 해도 다 못 해서 곱이곱이 그 이야기를 말할 수도 없는 것이다. 부처님의 입장에서 지금까지 그 도리에 대해서 말씀하셨다 한 것은 대해 장강 속에서 한 숟갈 물 뜬 것에 불과한 것이다. 무상대도의 원리나 무상대도의 굽이굽이 그 오묘한 면에 있어서 온통이 아닌, 대해 장강 속에서 한 숟갈 물을 떠다가 일러준 것에 불과하다는 것이다. 그래서 소출(小出)이다. 눈꼽만큼 내 놓았다는 것이다. 그랬는데 수보리가 큰 것을 만났구나 하는 것이다. 부처님께서 무상대도 중에 조금 내놓으셨는데, 수보리는 《금강경》이라고 해서 큰 것을 만났고 얻었다고 말씀하시는 것이다.

所以者何 須菩提 佛說般若波羅蜜 卽非般若波羅蜜
소이자하 수보리 불설반야바라밀 즉비반야바라밀
是名般若波羅蜜
시명반야바라밀

"소이가 무엇인고? 수보리야 불타의 설한 반야바라밀(般若波羅蜜=智慧到彼岸)이 곧 반야바라밀이 아닐새 이 이름이 반야바라밀이니라."

여기에서 수보리가 《금강반야바라밀경》을 지금까지 잘 받들고서 "이 경전이야말로 앞으로 영겁다생에 내가 가지고 다니면서 간직할 경전이요, 그야말로 중요한 경전이요, 제일의 보배다."라고 말씀하신 것으로 할 수 있다.

32강

여법수지분 如法受持分

순경이나 역경은 자기 그림자

須菩提 於意云何 如來有所說法不 須菩提 白佛言
수보리 어의운하 여래유소설법부 수보리 백불언

世尊 如來無所說 須菩提 於意云何 三千大千世界
세존 여래무소설 수보리 어의운하 삼천대천세계

所有微塵 是爲多不 須菩提言 甚多世尊 須菩提
소유미진 시위다부 수보리언 심다세존 수보리

諸微塵 如來說非微塵 是名微塵 如來說世界 非世界
제미진 여래설비미진 시명미진 여래설세계 비세계

是名世界
시명세계

"수보리야 네 뜻에 어떠하냐, 여래가 설한 법이 있는가?" 수보리가 부처님께 "세존이시여, 여래께서는 설한 법이 없습니다." 수보리여, 그대 생각은 어떠한가? 삼천대천 세계에 있는 미진이 이 많다고 하겠느냐? 수보리 말씀하되 "심히 많나이다 세존이시여." "수보리야, 모든 미진은 여래가 미진이 아니라고 말할새 이것을 미진이라 이름하며 여래의 말한 세계도 또한 세계가 아닐새 이것을 세계라고 이름하나니라."

'미진' 은 하나의 먼지, 티 같은 것이다. 미진이란 것은 중생의 인격, 범부의 인격, 성현의 인격이 한이 없다. 사상이 중심이 되어 구류 중생이 나오고 구류 중생이 더 나아가 한량없는 종종의 중생심을 낸다. 그 중생심의 수효가 삼천대천 세계에 가득 찬 미진 수만큼이나 많다는 말씀이다.

그런데 그 미진 수만큼 많은 그 마음 하나하나, 잡념 하나하나, 또는 정념이면 정념 하나하나가 그대로 있는 것이 아니다. 번뇌하면 번뇌 그것으로 그쳐 버리는 것이 아니고, 또 선심하면 선심 그대로 그쳐 버리는 것이 아니다. 보리심하면 보리심 그대로 그쳐 버리는 것이 아니다. 미진 수만큼 많은 번뇌나 미진 수만큼 많은 보리심이 다니면서 종종의 세계를 건설하고 다니는 것이다. 이것이 일체유심조다.

스승님께서 이런 말씀을 해 주셨다. "밖으로부터, 외부로

부터 오는 경계라고 하는 것은, 순경이 되었든지 역경이 되었든지 전부 다 자기 그림자다. 그냥 그 속을 모르면, 좋은 것이 오면 저쪽에서 나 준다고 그냥 고마워하고, 입에 무엇이라도 있으면 그것이라도 내어서 먹여 줄 것처럼 좋아라 하고, 반대로 저쪽에서 조금 아닌 행동으로 나를 괴롭게 한다면 그 사람을 금방 잡아 죽일 것같이 원망한다. 그러나 그것은 다 자기 그림자다. 자기가 그렇게 만들어 놓고서는 저쪽에다 책임전가를 하게 되는 것이다."

그러니까 밖으로부터 오는 모든 경계라고 하는 것은 반드시 물감처럼 따라다니면서 각각 종종의 세계를 칠하고 다닌다. 만약에 내 마음 가운데 보리심이 있다고 하면 그야말로 천국을 건설하고 다닐 것이고, 번뇌심이 있다고 하면 지옥을 건설하고 다니는 것이다.

그런데 그런 세계는 말 한 마디 해서 상대방이 반응하는 것도 벌써 하나의 세계가 형성되는 것이다. 세계를 아무렇게나 건설해 놓고 그 세계가 자기에게 부딪힐 때는 괴로워서 못 견디고 아우성 한다. 그러니 우리는 지금 이 번뇌의 마음을 보리심으로 바꾸지 않을 수 없는 것이다.

33강

여법수지분 如法受持分

32상은 32청정행을 나타내야

須菩提 於意云何 可以三十二相 見如來不 不也世尊
수보리 어의운하 가이삼십이상 견여래부 불야세존
不可以三十二相 得見如來 何以故 如來說三十二相
불가이삼십이상 득견여래 하이고 여래설삼십이상
卽是非相 是名三十二相
즉견비상 시명삼십이상

"수보리야, 네 뜻에 어떠하냐, 가히 삼십이상으로써 여래를 보겠느냐?" "아니옵니다 세존이시여, 가히 삼십이상(三十二相)으로써 얻어 보지 못하나이다. 어찌한 연고인가 하오면 여래께서 말씀하신 삼십이상이 곧 이 상이 아닐새 이것을 삼십이상이라고 이름하나이다."

그러니까 앞서서 말한 우리의 인격을 보리심으로 바꾸지 않을 수 없다. 모든 번뇌를 보살심으로 바꾸지 않을 수 없다. 이것을 똑똑히 안다고 하면 이 일을 안 할 수가 없는 것이다. 이런 인과관계의 생각이 토가 떨어지게 되면 악을 할래야 할 수가 없다. 목에다 칼을 들이대고, 너 악을 범하라고 죽인다고 해도 할 수가 없다. 그런데 그러한 악이나 이런 보살심이 어디서 나오느냐? 육경에서 나온다. 중생은 육경을 만나 중생심이 나오고, 보살은 육경을 만나 보살심이 나온다. 그래서 부처의 마음을, 부처를 이루는 데 있어서의 수행이 있어야 하는데, 그 수행을 통해서 얻어진 상이 바로 32상이다.

32상이란 육신적으로 좋은 상호를 갖추었다는 것이기도 하지만, 실은 여기에서 32상이라고 하는 것은 32청정행을 말하는 것이다. 서른두 가지의 청정행을 하는데, 그럼 무엇이 서른두 가지의 청정행이냐 하면, 안이비설신으로 보시, 지계, 인욕, 정진, 선정, 지혜(6바라밀)의 수행을 하는 것이다.

그래 가지고 6바라밀을 5근에다 둘러 씌워서 수행을 하면 5×6=30으로 30개다. 거기에다 무상무주, 무상무위 이것을 합하면 서른 둘이다. 이것을 32상이라고 한다. 우리 5근으로

6바라밀을 수행하고, 거기에다가 무상과 무위의 수행을 곁들이면 그것이 32수행상이다. 그래서 부처님께서는 32수행상을 닦으셨다는 그 말씀이다.

그런데 여기에서 제1차적인 의미는 "육신 상호가 32상으로 좋은 것이 부처님이 아니다." 이 말씀이 하나 있고, 그 다음에 가서는 "32수행상을 하는 사람이 부처님이 아니다."라는 그 말씀이 있다.

32수행상을 하는 사람이 부처님이 아니라 32수행상까지도 툭툭 털어버린 사람이 부처님이라는 것이다. 옛날에 조달이라고 하는 분이 계행을 청정히 하여 그 하는 것은 부처님보다 더 철저했다고 한다. 그래서 그 조달이 회상에서는 규율이 아주 엄격해서 부처님보다 더 엄격하다. 그렇다고 조달을 보고 부처님이라고 할 수는 없는 것이다. 쉽게 말하면 부처님 흉내는 낼 수 있지만 부처님은 아닌 것이다.

마찬가지로 우리가 32수행을 해 가지고 하나의 인격상을 이뤘다 하더라도 그것을 놔야지, 그것을 붙들어 지니고 있다면 다시 아상, 인상, 중생상,수자상 사상이 가득 차게 된다. 마음 가운데 32수행상을 닦고 끝내 털어버리지 못하면 사상이 다시 또 충만해진다. 그것은 진짜가 아니다. 이것을 다 놔버려야 진짜 여래라고 할 수 있고 여래를 볼 수가 있다.

34강

여법수지분 如法受持分

감사하는 마음이 큰 복덕

須菩提 若有善男子善女人 以恒河沙等身命布施 若
수보리 약유선남자선여인 이항하사등신명보시 약
復有人 於此經中 乃至受持四句偈等 爲他人說 其福
부유인 어차경중 내지수지사구게등 위타인설 기복
甚多
심다

"수보리야, 만일 선남자, 선여인이 항하의 모래 수와 같은 목숨으로써 보시할지라도, 다시 어떠한 사람이 있어 이 경 가운데 내지 사구게 등을 받아 가져 다른 사람을 위하여 설하면 그 복이 심히 많으리라."

금생에도 신명, 내생에도 신명으로 억겁 다생에 그 신명을 바쳐서 보시를 한다는 말이다. 그 신명을 바쳐서 하는 보시가 대단한 보시다. 전생에 빚 갚을 때도 이 신명을 바쳐서 갚는 보시가 대단한 것이다.

그러나 이 신명이 우리가 사람 입장에서 생각하니까 대단한 것 같아도 알고 보면 또 별것도 아니다. 내가 번데기를 좀 먹으면서 몇 생 빚을 다 갚나 그랬는데, 신명을 바쳐서 몇 생 빚을 다 갚나 그랬다. 소 같은 것은 그냥 평생에 일을 하고 죽어갈 때는 또 신명 바쳐서 뭇 사람들에게 고기를 보시한다.

이와 같이 항하사의 신명과 같은 것으로 보시를 하지만, 다시 다른 사람이 있어, 이 경 가운데 내지 사구게 등을 받아 가져 다른 사람을 위하여 설하면 그 복이 더욱 한량없이 많을 것이다.

앞에서는 칠보로 보시한다는 말씀을 하셨다. 여기에서는 신명까지 바쳐서 해도 역시 그것을 따를 수 없다는 것이다. 항하사 신명으로 보시를 하고 보시를 해도 내 마음 가운데 《금강경》 도리를 알지 못하고, 사구게 도리를 알지 못하고 끝내 망념과 번뇌를 제거하지 못한다. 상(相)도 제거 못 하고 번뇌도 제거하지 못하기 때문에, 한쪽에서 복을 지으면 한쪽에서 죄를 지어 그게 전부 상쇄되어 버리면 헛일이 된다.

그런데 만약에 이 사구게를 가지고 다른 사람 일을 해 줄 것 같으면 자기 스스로도 망념과 번뇌와 사상과 중생심이 다 제거가 되고, 고마움 하나만 가지고도 복덕이다.

하물며 다른 사람을 위해 어느 사람이 이런 도리를 알고, 느끼고 해서 그 사람의 인격에 변화가 왔을 때, 그런 사람이 다른 사람을 위하되, 남을 위해 의욕적으로 일하는 사람이 되고, 이렇게 되었을 때 어떻게 되겠는가? 자기만이 아니라, 다른 사람이 이렇게 했을 때 그 복덕은 한량이 없다.

그러니 여기서 32상 시늉을 해가지고 다른 사람을 위하되, 그 인격만 가지고 하는 것은 복이 하나도 없는 것이고, 참으로 상 없이 이 법을 전하면 그것이 복덕이 되는 것이다. 세상을 살면 꼭 그렇다. 내가 주고도 저 사람에게 원망받는 사람이 있고, 죄를 짓는 사람이 있는데, 내가 하나도 안 주면서도 복을 짓는 사람이 있다. 내가 안 주고도 저 사람하고 항상 화합 관계이고 인연 관계를 성공시키는 사람이 있다.

인격의 밑천이라 하는 것은 온 천지에 미친다. 그것을 가지고 다른 사람을 위해서 하면 자연 복이 된다. 신명 밑천 다 바치고 삼천대천 세계 칠보의 밑천 다 바친 것보다도 더 크다고 하는 말씀이다.

35강

이상적멸분 離相寂滅分

형상은 실상(實相)이 아니다

《금강경》 제14장은 상을 떠난 적멸한 자리를 말씀하신 장이다. 일체 상을 다 떠나버리고 적멸한 데 들어가는 부분이다.

爾時 須菩提 聞說是經 深解義趣 涕淚悲泣 而白佛
이시 수보리 문설시경 심해의취 체루비읍 이백불

言 希有世尊 佛說如是甚深經典 我從昔來所得慧眼
언 희유세존 불설여시심심경전 아종석래소득혜안

未曾得聞如是之經
미증득문여시지경

이 때에 수보리 이 경 설하심을 듣고 깊이 뜻을 알아 눈물을 흘리고 슬피 울며 부처님께 사뢰어 말씀하되 "희유하신 세존이시여, 부처님께서 이와 같이 깊고 깊은 경전을 설하심은 제가 옛적으로부터 얻은 바 혜안(慧眼)으로 일찍이 이와 같은 경을 얻어 듣지 못하였나이다."

수보리, 이 분은 깊이 그 뜻을 알아들으셔서 어찌나 감동했는지 눈물을 흘리며 슬피 우셨다. 법문을 듣고 울었다고 하니 부황한 것 같으나 전혀 그렇지가 않다. 오히려 울지 않는 것이 이상한 것이다. 나도 처음에는 《금강경》을 하나도 몰랐지만 마음을 잡고 정진을 하면서 눈시울이 뜨거워질 만큼의 느낌을 받은 적이 있다.

대종사님 말씀이나 부처님 말씀이 허언이 아니다. 실지가 그렇다. 정진을 해 보면 수보리가 운다는 것이 하나도 거짓이 아님을 알게 된다. 진짜로 그렇게 되어야 한다. 아직 눈물이 나지 않는다는 것은 내가 지금 그 깊은 뜻을 모르고 있다는 것이다.

수보리가 그렇게 슬피 우는 까닭은 또한 그가 수많은 수행을 통해서 지혜를 얻었으나 그럼에도 부처님께서 설하신 《금강경》처럼 깊은 말씀은 들어본 바가 없기 때문이다. 지금의 우리도 수보리와 같은 심정으로 대종사님의 법문을 다시 받들어야 하겠다.

世尊 若復有人 得聞是經 信心淸淨 卽生實相 當知
세존 약부유인 득문시경 신심청정 즉생실상 당지
是人 成就第一希有功德 世尊 是實相者 卽是非相
시인 성취제일희유공덕 세존 시실상자 즉시비상
是故 如來說名實相
시고 여래설명실상

"세존이시여, 만일 다시 어떠한 사람이 있어 이 경을 얻어 듣고 믿는 마음이 청정하면 곧 실상(實相)을 내리니 마땅히 이 사람은 제일 희유한 공덕을 성취할 줄 아나이다. 세존이시여, 이 실상이란 것은 곧 이 상이 아닐새 이런 고로 여래께서 이것을 실상이라고 이름하셨나이다."

여기서 '신심이 청정하다'는 것은 '이것뿐이다, 이렇게 살아야겠다.'는 오롯한 생각으로 충만한 것이다. 그래서 조금도 다른 것에 욕심낼 여유가 없는 것이다. 이 사람은 재색명리가 있을 겨를이 없다.

아상, 인상, 중생상, 수자상에 가서 놀아 줄 시간이 없이 오직 이것 하나만을 위해서 그 마음이 확립이 되어, 자나, 서나, 죽으나, 사나 오직 이것뿐이다. 이 정도는 되어야 신심청정이라 한다. 보통 사람은 좋은 일 한두 개 하면 나쁜 일 두어 개 더하고, 이런 식의 생활 방식으로 사는데 그 나쁜 것이나 옳지 못한 것들을 깨끗이 청산시켜서 이제부터는 이 자리로서 실상(實相)을 삼는다는 것이다.

이 세상 형상 있는 것이라고 하는 것은 전부 다 끝내는 우리 것이 아니다. 다 놓쳐 버린다. 그러나 영생을 통해서 내 것일 수밖에 없는 실상은 오직 이것이다. 그래서 이 자리만은 가장 욕심내지 않을 수 없는 것이다. 그런데 이렇게 이야기를 하면 다시 실상에 또 묶일까 봐 실상이 아니기 때문에 실상이라고 하신다.

만일 실상이라고 하는 것에 묶이면 그것은 실상이라고 할 수 없다는 것이다.

36강

이상적멸분 離相寂滅分

일체 상을 여의면 부처

世尊 我今得聞如是經典 信解受持 不足爲難 若當來
세존 아금득문여시경전 신해수지 부족위난 약당래
世 後五百歲 其有衆生 得聞是經 信解受持 是人卽
세 후오백세 기유중생 득문시경 신해수지 시인즉
爲第一希有 何以故 此人 無我相無人相無衆生相無
위제일희유 하이고 차인 무아상무인상무중생상무
壽者相 所以者何 我相卽是非相 人相衆生相壽者相
수자상 소이자하 아상즉시비상 인상중생상수자상
卽是非相 何以故 離一切諸相 卽名諸佛
즉시비상 하이고 이일체제상 즉명제불

"세존이시여, 제가 이제 이와 같은 경전을 얻어 듣고 믿어 알며 받아 가짐은 족히 어렵지 않거니와 만일 돌아오는 세상 후 오백세에 어떠한 중생이 있어 이 경을 얻어 듣고 믿어 알며 받아 가지면 이 사람은 곧 제일 희유함이 될 것입니다. 어찌한 연고인가 하오면 이 사람은 아상이 없으며, 인상이 없으며, 중생상이 없으며, 수자상이 없는 까닭이옵니다. 소이가 무엇인가 하오면 아상이 곧 아상이 아니며, 인상, 중생상, 수자상이 곧 이 상이 아니옵니다. 어찌한 연고인가 하오면 일체 상을 여의면 곧 부처라 이름하나이다."

부처님께서 근기 따라 자상히 설명해 주시니 수보리는 지금은 이것이 어려운 일이 아니지만, 앞으로 후대 오백세, 말세가 되었을 때 이 경전을 읽고 신해수지(信解受持)한다면 그 사람이 참으로 희유한 사람일 것이라고 말한다.

왜 그러냐면 말세 때에는 유독 모든 사람들이 아상, 인상, 중생상, 수자상에 빠져 사는데 그런 때에 만약에 신심청정해서 이것을 신해수지하는 사람이 있을 것 같으면 그 사람에게는 아상, 인상, 중생상, 수자상이 없을 것이니, 그 얼마나 희유한 사람이냐는 말이다. 왜 그러한 상이 없느냐 하면, 아상, 인상, 중생상, 수자상 이것이 상이 아니므로, 일체 상을 여읜 것이 곧 부처이기 때문에 그런 것이다.

佛告須菩提 如是如是 若復有人 得聞是經 不驚不怖
불고수보리 여시여시 약부유인 득문시경 불경불포
不畏 當知是人甚爲希有 何以故 須菩提 如來說第一
불외 당지시인심위희유 하이고 수보리 여래설제일
波羅蜜 非第一波羅蜜 是名第一波羅蜜
바라말 비제일바라밀 시명제일바라밀

부처님께서 수보리에게 고하시되 "이와 같고 이와 같도다. 만일 다시 어떠한 사람이 있어 이 경을 얻어 듣고 놀라지도 않고 두려워 하지도 아니하면, 마땅히 알라 이 사람은 심히 희유함이 될지니, 어찌한 연고인고? 수보리야 여래의 말한 제일 바라밀이 제일 바라밀이 아닐새 이것을 제일 바라밀이라 이름하나니라."

부처님께서도 당신 생각에 "삼천대천 세계에 가득찬 칠보로 보시한다, 항하사 신명으로 보시한다."고 말씀하시면서도 듣는 사람이 놀라서 "부처님이 공연히 부황한 말씀 하신다."고 말하는 사람이 있겠다고 생각하신 것이다. 그런데 부처님 뜻은 그게 아니다. '부처님께서 가르쳐 주시려고 과장해서 하신 말씀하신 것이지.' 라고 생각하지 않고 '꼭 그렇다! 그렇지! 그렇지!' 하고 생각하는 이가 있다면 이 사람이 참으로 희유한 사람이라고 말씀하신다.

그리고 이 사람은 제일바라밀을 얻은 사람이고, 제일바라밀을 얻고 나면 역시 제일바라밀이라고 하는 것도 없는 것이기 때문에 제일바라밀을 얻은 사람이라는 것이다.

'바라밀(波羅密)'이란 산스크리트 파라미타(Paramita)를 음역한 것으로, 최고를 뜻하는 파라마에서 파생한 말이며, 이에 근거해서 바라밀을 완성 또는 완전으로 번역하고 바라밀을 한역한 것이 바로 도피안(到彼岸)이다.

비슷한 용어로 모든 집착과 번뇌가 소멸된 상태를 뜻하는 열반, 해탈, 무위, 안온(피안) 등이 있다. 제일바라밀이란 최고의 바라밀이라 할 수 있으며 그래서 반야바라밀이라고도 한다.

37강

이상적멸분 離相寂滅分

참다운 인욕수행

須菩提 忍辱波羅蜜 如來說非忍辱波羅蜜 是名忍辱
수보리 인욕바라밀 여래설비인욕바라밀 시명인욕

波羅蜜 何以故 須菩提 如我昔爲歌利王 割截身體
바라밀 하이고 수보리 여아석위가리왕 할절신체

我於爾時 無我相 無人相 無衆生相 無壽者相 何以
아어이시 무아상 무인상 무중생상 무수자상 하이

故 我於往昔節節支 解時 若有我相人相衆生相壽
고 아어왕석절절지 해시 약유아상인상중생상수

者相 應生瞋恨
자상 응생진한

"수보리야, 인욕바라밀을 여래가 인욕바라밀이 아니라고 설할 새 이것을 인욕바라밀이라고 이름 하나니, 어찌한 연고인고? 수보리야, 내가 옛적에 가리왕(歌利王)에게 신체를 베이고 끊어냄이 되었으되, 내가 그 때에 아상도 없고, 인상도 없으며, 중생상도 없고, 수자상도 없었노라. 어찌한 연고인고? 내가 옛날에 마디마디 끊어 냄이 될 때에 만일 아상, 인상, 중생상, 수자상이 있었으면 응당 진심과 원한심을 내었으리라."

옛날에 가리왕이라고 하는 사람이 신하와 궁녀를 거느리고 사냥을 나갔다가 점심을 먹은 후 식곤증에 잠시 잠들었다가 깨어 보니 신하와 궁녀들이 보이지 않았다. 찾아보다 궁녀들이 수행중인 세존(인욕선인)에게 꽃을 바치고 절을 하는 이상한 광경을 목격하고 질투심에 눈이 뒤집어졌다. 이에 화가 난 가리왕이 "무엇하는 사람이냐?" 물어보니까 "네, 인욕수행을 하는 사람입니다." 하니 "인욕수행을 하는 사람이면 참는 공부를 하는 사람이군. 그럼 얼마만큼 참는 공부를 잘 하나 시험해 보자." 하면서 거기서 팔을 하나 끊었다.

뭐라고 대응하지 않고 가만히 있으니 더욱 화가 나서 다른 팔을 또 끊었다. 그래도 가만히 있으니 또 다리를 끊고 그래도 가만히 있으니 또 다른 다리마저 끊었다. 그래도 가만히 있으니 나중에는 목을 잘랐다. 그럴 때에 하늘에서 진노하여 가리왕에게 돌비를 내리고 인욕선인의 몸은 원래대로 붙여졌다. 이에 가리왕이 놀라며 깊이 참회를 했다고 하는 그런 일화에 대한 말씀이다.

가리왕이란 범어로 극악무도한 사람을 이른다. 그런 가리왕으로부터 사지를 이리 잘리고 저리 잘리고 그럴 때에 부처님이 아상, 인상, 중생상, 수자상이 없었는데, 그것이 바로 인욕바라밀이다.

만약에 거기에서 '내가 참았다' 고 하는 그런 것이 있다고 하면 아상, 인상, 중생상, 수자상에 걸려 있는 것이기 때문에 인욕바라밀이라고 할 수 없다는 말씀이다.

그런데 무엇으로 그것을 입증할 수가 있는가? 만약 아상, 인상, 중생상, 수자상이 있었다고 하면 응당 거기에서 성내는 마음과 한이 되는 마음이 분명 있었을 것이지마는, 부처님에게는 그런 마음이 전혀 없었던 것이다.

나다 하는 것도, 저 극악무도한 것이라는 것도, 나는 수행하는 사람인데 라는 그런 것이 전부 없었던 것이다. 그래서 참으로 인욕수행을 하신 것이다.

그래서 야보가 그랬다.

"지혜로운 사람은 어리석은 것을 꾸짖을 수가 없다."고, 세살 먹은 어린아이가 살살 기어서 할아버지 수염을 막 잡아당기는데, 그 할아버지가 "요 이놈 어른 수염을 함부로 하냐?" 고 거기다 대고 꾸중을 한다면 누가 어리석은 것인가? 그래서 성인들께서는 중생의 어리석음으로 인한 것을 꾸짖지 않으시는 것이다.

38강

이상적멸분 離相寂滅分

주한 바 없는 마음

須菩提 又念過去於五百世 作忍辱仙人 於爾所世 無
수보리 우념과거어오백세 작인욕선인 어이소세 무

我相 無人相 無衆生相 無壽者相
아상 무인상 무중생상 무수자상

“수보리야, 또 생각컨대 과거 오백세 전에 인욕 선인이 되어 그 세상에서도 아상도 없고 인상도 없으며 중생상도 없고 수자상도 없었노라.”

부처님께서 과거 오백생에 선인을 지어 가지고 그 세상에서 아상, 인상, 중생상, 수자상이 없었다. 그래서 그때 일체의 사람에게 평등했다. 악한 사람이나 또는 착한 사람이나 평등하게 마음을 쓰셨다. 그래서 나를 괴롭게 하고 힘들게 하면 할수록 내가 거기에 오히려 공경으로 나가는 것이다. 아무리 나쁘고 못 쓸 사람이라도 끝까지 인도하는 마음이, 제일 인욕바라밀의 경계에 도달된 사람의 심법이다.

순 임금이 지게 지고 농사할 때 심경이나 또 천자위에 올라갔을 때 그 심경이나 똑같았다. 천자위에 올라갔을 때 그 마음 가운데 더 불어난 것도 없고, 가장 천민으로 있을 때에 거기에 줄어든 것도 없으셨다. 부모가 포악해서 순 임금을 죽이려 해도 자기가 부모에게 바치는 효심이라고 하는 것은 역시 똑같았다. 평상심이었다.

그런데 여기에 인욕바라밀이라고 내놓았지만 실은 나머지 보시, 지계, 정진, 선정, 지혜바라밀 또한 이와 같은 것이다. 제일바라밀의 공식을 인욕하는 데에다 적용하면 인욕바라밀이 되고, 보시하는 데에다 적용하면 보시바라밀이 되며, 정진하는 데에다 적용하면 정진바라밀이 되어 버린다. 전부 다 그렇게 되어 버린다. 그래서 그 제일바라밀의 경지인 성품이 공한 것을 요달할 것 같으면, 지혜가 밝고, 마음이 한가로워서 매사에 무심을 얻고, 일일이 다 한가로운 것이다.

是故須菩提 菩薩 應離一切相 發阿耨多羅三藐三菩
시고수보리 보살 응리일체상 발아뇩다라삼먁삼보
提心 不應住色生心 不應住聲香味觸法生心 應生無
리심 불응주색생심 불응주성향미촉법생심 응생무
所住心
소주심

"이런 고로 수보리야 보살이 일체 상을 여의고 아뇩다라삼먁삼보리심을 발할지니, 마땅히 색에 주하여 마음을 내지 말며, 마땅히 소리와 냄새와 맛과 부딪침과 법에 주하여 마음을 내지 말고, 마땅히 주한 바 없는 마음을 낼지니라."

무상대도에 대한 발심이 그래서 나는 것이다. 우리의 일체 행동에 적용되는 공도리(空道理)라고 하는 것은 한량이 없고, 우리의 생활 구석구석에 지대한 영향을 미치는 것이기 때문에 이 무상대도를 얻으려고 하는 소원을 내고 발심을 내고 분발을 내고 큰 결심을 다하고 그러는 것이다. 무상대도에 발심한 사람은 마땅히 행하는 데 있어서 주착한 바 없이 마음을 내라는 것이다. 그래서 지금까지 하신 말씀을 다 종합해서 여기 한 번 더 다져주시는 것이다.

여기에 색성향미촉법에 주착하지 않는다는 것은, 다시 말해 이 육진 가운데에서 진애심이 일어나지 않아야 된다는 것이다. 내 구미에 맞고 안 맞는 것에 끌려서 망녕된 마음과 번뇌가 축적이 되면 하나의 업이 응결되고 일체의 불성을 꽉 싸버려서 지혜가 어두워지게 된다.

그래서 끝내는 해탈을 얻지 못하는 결과가 오기 때문에 색성향미촉법에 진애심을 일으키지 말아야 한다.

39강

이상적멸분 離相寂滅分

일체중생을 이롭게 하는 보시

若心有住 卽爲非住 是故 佛說菩薩 心不應住色布施
약심유주 즉위비주 시고 불설보살 심불응주색보시

"만일 마음이 주하는 바 있으면 곧 참으로 주함이 아닐지니 이런 고로 불타가 말하되, '보살이 마음을 마땅히 색에 주하여 보시하지 아니한다.' 하였나니라."

여기에 앞서 말하는 주(住)와 뒤에 말하는 주를 잘 구분해야 한다. 앞에 주라고 하는 것은 주착함이 있는 주이고, 뒤에 있는 주는 주착함이 없는 주이다. 따라서 주착함이 있는 주에다가 주하면 이것은 비주(非住)요, 주착함이 없는 주에다 주해야 이것이 참 주함이다는 말씀이다.

須菩提 菩薩 爲利益一切衆生 應如是布施
수보리 보살 위이익일체중생 응여시보시

"수보리야, 보살이 일체 중생을 이롭게 하기 위하여 마땅히 이와 같이 보시하나니라."

여기에서 이 말씀을 하신 뜻을 잘 살펴야 한다. 지금까지 계속 상을 떠나야 된다. 인욕도 했다는 데 주착함이 없이 해야 한다. 이렇게 없고 없다는 것을 강조하셨는데, 그러다 보면 우리가 세상을 위해서 일하는 의욕이 결여될 수 있기 때문이다.

그러므로 다시 여기서 부처님께서 위험한 순간에 땜질을 해 주시는 것이다.

곧, 일체 상을 떠나고 주착함이 없게 한다고 하는 것이 아무것도 않기 위해 그러는 것이 아니고 결과적으로는 일체 중생에게 유익을 주기 위해 하는 것이지 만약에 이것을 하지 않으면서 그런 것을 한다고 한다면, 그건 땔나무 감도 못 되고, 아무 필요 없는 것이라는 말씀이다.

아마 이런 핵이 빠지고 나면 부처님의 말씀은 공연한 망설이 되고 마는 것이다. 흉악한 망설을 한 것이 되어 버린다. 그러니까 우리는 일체 중생을 위해서 일을 하라는 부처님의 본의를 절대 놓쳐서는 안 될 것이다.

如來說一切諸相 卽是非相 又說一切衆生 卽非衆生
여래설일체제상 즉시비상 우설일체중생 즉비중생

"여래가 말한 일체 상이 곧 이 상이 아니며 또 말한 일체 중생이 곧 중생이 아니니라."

지금까지 부처님께서는 상을 이리 부수고 저리 부수고 가혹하게 부수기도 하셨다. 그 말씀을 듣다 보면 우리 마음에 '이 상 나쁜 것이구나, 중생은 참 어리석구나.' 이런 생각이 들 수 있다. 그러다 보면 상을 멸시하고 중생을 멸시하는 이 생각에 사로잡힐 수 있다.

그래서 그런 것에 또 걸릴까 싶어서 여래가 상이라고 말씀하셨지만 그건 상에 걸려서 하신 말씀이 아니고, 중생이다 하신 것도 중생이다 하는 상에 걸려서 하신 말씀이 아니라는 말씀이다.

그렇기 때문에 여래의 경지에 도달하면 전부가 다 부처다.

부처와 중생의 구분이 모호해진다. 실지로 이 《금강경》 도리를 어느 정도 깊이 있게 들어가다 보면 나중에는 꼭 그 경지가 온다. 이 경지에 도달이 되면 부처라고 하는 것이 따로 있을 수가 없고, 중생이라고 하는 것이 따로 있을 수가 없다. 그런 경지에서 부처님께서 상을 말씀하셨고 중생을 말씀하신 것이지, 거기에 걸리신 것이 아니다.

40강

이상적멸분 離相寂滅分

천만 번 바뀌어도 바뀌지 않는 진리의 말씀

須菩提 如來是眞語者 實語者 如語者 不誑語者 不
수보리 여래시진어자 실어자 여어자 불광어자 불
異語者
이어자

"수보리야, 여래는 이 참말을 하는 이며, 실다운 말을 하는 이며, 변함없는 말을 하는 이며, 속이지 않는 말을 하는 이며, 다르지 않은 말을 하는 이니라."

그러니까 지금까지 부처님께서도 말씀을 하시고도 걱정이 되셨던 모양이다. 수보리가 앞서 "제가 부처님 앞에서 법문을 듣고 신심이 청정하게 나고 이렇게 한 것은 어려운 것이 아니지만, 앞으로 돌아오는 세상에 이 경을 얻어 듣고 신심이 나겠습니까?" 하는 그 회의를 낼 때 "너 그런 생각 마라!" 하고 부처님께서 말씀하시기는 하셨다.

그런데 당신이 생각해도 대저 이 경전을 놓고 누가 그냥 내 말을 그대로 잘 받아들일 것인가 하는 걱정이 나셨던 모양이다.

부처님께서 다시 "나는 거짓말하는 사람이 아니라 참말만 하는 사람이다. 나는 허황된 말로 과장해서 하는 사람이 아니라 실다운 말로, 사실 그대로 하는 사람이다. 또 이러한 때는 이러한 경우가 있고 저러한 때는 저러한 경우가 있어서 가변성이 있는 것을 가지고 말 하는 것이 아니다."고 말씀하셨다.

이어 "어느 때나 어느 곳에서나 적용될 수 있는 여여한 진리, 시방을 두루 해서 다함이 없고 삼세를 일관하는 그런 진리, 여기 가도 같고 저기 가도 같고 언제든지 똑같은, 상황이 천만 번 바뀌어도 변하지 않는 진리를 말하고 있는 것이니라." 하신 것이다고 말씀하셨다.

그래서 금(金)이라 하신 것이다. 금이라고 하는 것은 변하지 않은 것이니, 진흙 속에다 묻어 놓아도 변하지 않는다.

천만 상황이 바뀌고 뒤바뀌고 얽히고설킨다 하더라도 변하지 않는 여여한 진리만을 내가 이야기한 것이다.

그러니 지금이라고 믿고 다음이라고 안 믿을 수도 없는 것을 부처님께서 말씀하셨다.

심리학자들 가운데는 부처님과 공자님, 소크라테스와 예수님 이런 성현들을 신앙 과대망상증에 걸렸던 사람들이라고 평을 하는 사람도 있다고 한다.

그럴까 싶으셔서 부처님께서 "내가 미쳐서 하는 말이 아니다. 나는 과대망상증에 걸려 가지고 조금도 사실과 틀린 이단적인 그런 말을 하는 사람이 아니니라." 하신 것이다.

그러므로 우리는 부처님께서 이렇게까지 말씀하시는 간절한 본의를 알아 한 말씀도 소홀히 흘려보내서는 안 될 것이다.

須菩提 如來所得法 此法無實無虛
수보리 여래소득법 차법무실무허

"수보리야, 여래의 얻은 바 법은 이 법이 실(實)함도 없고 허(虛)함도 없나니라."

무상대도는 실다운 것이 없다 하면 다시 그 속에 무엇이 있고, 허함도 없다, 실한 것이다 하면 다시 사량으로서는 가히 얻을 수 없는 것이 되어 버리는 것이다.

여래께서 오득한 무상대도는 실에도 허에도 묶이지 않는, 그러면서도 실과 허를 똑같이 갖추어 있는 그런 상태인 것이다.

41강

이상적멸분 離相寂滅分

주착 없이 보시하라

須菩提 若菩薩 心住於法 而行布施 如人入闇 卽無
수보리 약보살 심주어법 이행보시 여인입암 즉무
所見 若菩薩 心不住法 而行布施 如人有目 日光明
소견 약보살 심부주법 이행보시 여인유목 일광명
照 見種種色
조 견종종색

"수보리야, 만일 보살이 마음을 법에 주하여 보시를 행하면 사람이 어두운 곳에 들어가매 곧 보이는 바가 없음과 같고, 만일 보살이 마음을 법에 주하지 아니하고 보시를 행하면 사람이 눈이 있어 햇빛이 밝게 비치매 가지가지의 색을 보는 것과 같나니라."

색성향미촉법에 주착하여 보시하는 것은 마치 눈이 스스로 훤히 밝지만 빛이 없어서 볼 수가 없는 것과 같다고 하셨다.

예를 들어, 우리가 친불친 하나만 얽혀 있어도, 그거 하나 가지고 있어도 시비가 어두워진다. 예쁘고 미운 것 하나에 걸려 있어도 마음이 칠흑같이 어두워진다.

어떤 사람이 부인이 미워서 옷이고 무엇이고 타박이 심하였다고 한다. 그 가운데 김치를 가지고 타박이 심하였는데, "우리 것은 맛이 없고, 누구네 집 것은 맛있다."고 시도때도 없이 그랬다고 한다. 그래서 부인이 하루는 그 집에서 가져온 김치를 말 없이 밥상에 올려주니 역시나 또 맛 없다고 타박을 하였다. 남편이 식사를 마치자 부인이 그 김치 누구 집에서 가져온 것이라 하니, 남편이 "그러면 그렇지. 그래서 맛이 달랐구나."라고 싹 달리 말하였다 한다.

이렇게 미운 것 하나에 집착되니까 김치 맛있고 없는 것 하나도 분간 못 하는 것이다. 이것을 간단히 웃어 넘길 일이 아니다. 과연 이 사람만 어리석다고 생각하며 웃을 수만 있을까? 우리도 안 그런가? 우리는 그렇게 안 할 자신이 있는가를 되돌아볼 일이다. 친불친에 끌리지 않는 것, 예쁘고 미운 데에 끌리지만 않아도 세상이 좋아진다.

須菩提 當來之世 若有善男子善女人 能於此經 受持
수보리 당래지세 약유선남자선여인 능어차경 수지
讀誦 卽爲如來 以佛智慧 悉知是人 悉見是人 皆得
독송 즉위여래 이불지혜 실지시인 실견시인 개득
成就無量無邊功德
성취무량무변공덕

"수보리야, 돌아오는 세상에 만일 선남자, 선여인이 있어 능히 이 경을 받아 가지고 읽어 외우면 곧 여래가 부처의 지혜로써 다 이 사람을 알며 다 이 사람을 보나니 다 한량 없고 가 없는 공덕을 성취함을 얻으리라."

삼천 년 전 부처님이라도 벌써 다 알고 삼천 년 후에 《금강경》을 통하여 무량공덕을 이루실 것을 예견하셨다. 그래서 그렇게 《금강경》 법문을 하시고 하신 것이다. 대종사님 법문에 있듯이 최수운 선생, 강증산 선생도 미리 예견하시고 준비하신 분들이다.

또한 진리가 이렇게 《금강경》 도리를 받아 공부하는 사람을 소소영령하게 다 알고 무량공덕을 성취하게 한다는 의미가 있고, 결국에는 일체 중생이 그러한 분을 다 알고 그 은혜를 깨달아 무량공덕을 이루게 된다는 의미도 있다.

예수님이 그러셨고, 부처님이 그러신 것이며, 대종사님이 그런 분이시다.

이렇게 여래가 다 아시며 결국 무량공덕을 성취하는 일이기 때문에 이 경을 깊이 받들어서 색성향미촉법에 주착하지 말고 보시를 하라는 뜻이다.

42강

지경공덕분 持經功德分

큰 서원 세운 사람을 위하여

《금강경》 제15장 지경공덕분은 《금강경》을 수지독송하는 공덕이 크다는 것을 다시 한번 강조해 준 것이다.

須菩提 若有善男子善女人 初日分 以恒河沙等身布
수보리 약유선남자선여인 초일분 이항하사등신보
施 中日分 復以恒河沙等身布施 後日分 亦以恒河沙
시 중일분 부이항하사등신보시 후일분 역이항하사
等身布施 如是無量百千萬億劫 以身布施 若復有人
등신보시 여시무량백천만억겁 이신보시 약부유인

聞此經典 信心不逆 其福勝彼 何況書寫受持讀誦 爲
문차경전 심심불역 기복승피 하황서사수지독송 위
人解說
인해설

"수보리야, 만일 선남자, 선여인이 있어 아침때에 항하사 등 몸으로써 보시하고, 낮때에 다시 항하사 등 몸으로써 보시하고, 저녁때에 또한 항하사 등 몸으로써 보시하여 이와 같이 한량없는 백, 천, 만, 억 겁을 몸으로써 보시할지라도 만일 다시 어떠한 사람이 있어 이 경전을 듣고 믿는 마음에 거슬리지 아니하면 그 복이 저 몸을 보시함보다 승하리니 어찌 하물며 붓으로 쓰고 받아 가지며 읽고 외워서 다른 사람을 위하여 말해 줌이겠느냐?"

물론 항하사와 같은 신명을 다해서 보시를 하는 것도 그에 따라 복이 있다. 그렇지만 모든 복덕의 가장 원천이요, 근원이라고 할 수 있는 불법에 대한 진리만큼은 아직도 꿈속에서 벗어나지 못한 것이기 때문에 앞의 복은 결국 다함이 있다. 반대로 《금강경》을 믿고, 쓰고, 전하는 그 복은 다함이 없는 것이기 때문에 오히려 수승하다는 말씀이다.

須菩提 以要言之 是經 有不可思議不可稱量無邊功
수보리 이요언지 시경 유불가사의불가칭량무변공

德 如來爲發大乘者說 爲發最上乘者說
덕 여래위발대승자설 위발최상승자설

"수보리야, 요지로써 말할진대 이 경은 가히 생각하지 못하며 가히 칭량하지 못할 가 없는 공덕이 있나니 여래가 대승에 발심한 이를 위하여 설하며 최상승에 발심한 이를 위하여 설한 것이니라."

이와 같이 《금강경》 도리가 불가사의하고, 불가측량하고, 무변공덕하기 때문에 보통 근기로서는 알아들을 수가 없다. 그래서 여기서 여래가 《금강경》을 설하신 것은 아무에게나 한 것이 아니라 이것은 대승 수행에 크게 발심한 사람을 위해 하신 것이라 하신다.

이는 가장 높은 서원을 세운 사람을 위해서 말씀한 것이라는 뜻이다. 대승자란 그 원이 큰 것을 의미한다. 육조 대사가 대승자란 지혜가 광대하여 능히 일체의 법을 세우는 사람이라고 했다. 일체의 법이란 두루 통하는 법이다. 따라서 과거, 현재, 미래 어느 때를 막론하고, 동서남북을 막론하고, 또는 선악귀천을 막론하고 누구에게나 은혜를 줄 수 있는 큰 법에 지극히 고상하고, 무등등한 원을 세운 사람이 대승자다.

이런 사람은 현실적으로 자기의 소소한 문제에 대해서는

아예 생각도 안 한다. 현실의 소소한 시비이해는 아예 생각도 안 하고 다만 일체 생령을 위해서 이익을 주려는 한 생각으로 가득 차고 지극한 사람이다.

이렇게 일체 생령을 위하는 그 마음이 지극하고 시방세계에 충만하고 구천에 사무치게 되어 있을 때, 그 기운이나 발원이 그렇게 되어 있을 때 《금강경》 도리를 듣게 되면 확 트이게 된다. 반대로 그러기 이전에는 모른다. 직무를 할 때에도 조금이라도 덜 일하고, 덜 보고 자기 편하게 살려고 하는 사람에게는 되지 않는 일이다.

43강

지경공덕분 持經功德分

널리 사람들을 위하여 설하라

若有人 能受持讀誦 廣爲人說 如來悉知是人 悉見是
약유인 능수지독송 광위인설 여래실지시인 실견시
人 皆得成就不可量不可稱無有邊不可思議功德 如
인 개득성취불가량불가칭무유변불가사의공덕 여
是人等 卽爲荷擔如來阿耨多羅三藐三菩提
시인등 즉위하담여래아뇩다라삼먁삼보리

"만일 어떠한 사람이 있어 능히 받아 가지며 읽고 외워서 널리 다른 사람을 위하여 설하면, 여래가 다 이 사람을 알며 다 이 사람을 보아 다 헤아릴 수 없고, 일컬을 수 없고, 가 없고, 생각할 수 없는 공덕을 성취함을 얻으리니 이와 같은 사람들은 곧 여래의 아뇩다라삼먁삼보리를 짊어졌다 할지니라."

앞서 말씀을 다시 강조하고 계신다. 그러니까 발대승자, 곧 남을 위하는 지극히 큰 서원을 세운 사람이 이 경을 받아 스스로 수지독송하고 널리 다른 사람들을 위해서도 깨우쳐 일러준다면 진리가 이 사람을 다 알아 불가사량한 공덕을 이루게 할 뿐만 아니라 여래의 무상대도까지도 얻게 하신다는 말씀이다.

何以故 須菩提 若樂小法者 着我見人見衆生見壽者
하이고 수보리 약요소법자 착아견인견중생견수자
見 卽於此經 不能聽受讀誦爲人解說
견 즉어차경 불능청수독송위인해설

"어찌한 연고인고? 수보리야, 만일 작은 법을 즐거워하는 이는 아견과 인견과 중생견과 수자견에 집착할 새 곧 이 경을 능히 듣고, 읽고, 외워서 다른 사람을 위하여 해설하지 못하리라."

자기만 좋아하는 사람을 일러 작은 법을 즐기는 사람〔樂小法者〕이라 한다. 작은 법에 빠진 사람이다. 예를 들어《도덕

경》을 보고 "무위자연으로 돌아가라."는 말씀이 좋아서 자기만 만족해 버리고 마는 것이다. 이렇게 소법에 빠진 사람은 다시 사견에 묶여버리게 된다.

결국 이런 사람은 다른 사람을 위해 법을 설해 주지도 못하고 무상대도도 얻을 수 없다는 말씀이다. 자기가 좋아하는 것에 묶여서 그것으로만 한 회상을 펼치려고 한다. 이것이 바로 소법에 묶인 것이다.

무상대도 자리는 이 모든 것을 다 감싸고 있는 천지 같은 자리이다. 이 맛을 봐야 한다. 우리가 경전이나 교양서적을 볼 때에도 자기가 좋아하는 것 하나에 빠져서 그것으로 모든 것을 풀어가려는 경우가 있는데, 그것을 벗어나야 하는 것이다. 각각 경전, 교양서적마다 특징과 좋은 점을 잘 배우되 그것에만 빠져버리면 안 된다. 어진 자의 눈을 벗어나야 되고, 지혜로운 자의 눈을 벗어나야 된다.

須菩提 在在處處 若有此經 一切世間天人阿修羅 所
수보리 재재처처 약유차경 일체세간천인아수라 소
應供養 當知此處 卽爲是塔 皆應恭敬 作禮圍繞 以
응공양 당지차처 즉위시탑 개응공경 작례위요 이
諸華香 而散其處
제화향 이산기처

"수보리야, 곳곳마다 만일 이 경이 있으면 일체 세간 천인 아수라의 마땅히 공양할 바가 될지니, 마땅히 알라. 이 곳은 곧 탑묘가 됨이라. 다 마땅히 공경하며 예배를 올리고 둘러싸서 모든 꽃과 향으로써 그 곳에 흩으리라."

여기서 《금강경》은 책뿐만이 아니다. 온통은 고사하고 이 《금강경》 도리가 조각이라도 있는 곳에는 꽃과 과일 등 공양이 그칠 날이 없다는 말씀이다.

반대로 과일과 꽃 등 공양이 있는 곳에는 《금강경》 도리가 있는 것이다. 이러하기에 《금강경》을 수지독송하고 널리 배우고 깨우쳐 알려야 하는 것이다.

44강

능정업장분 能淨業障分

삼세의 업장을 소멸하는 경

《금강경》 제16장은 그 공덕이 밖으로 나타날 뿐만 아니라 안으로 숙겁다생에 뭉쳐 온 업장을 청정히 하고 소멸시킨다는 말씀이다. 그러니까 《금강경》의 수지독송을 실답게 잘하면 밖으로 공덕도 나타나지만 숙겁다생에 자기에게 찌든 그 무서운 업장을 능히 다 소멸시키고 다 청정히 할 수 있다는 뜻이다.

復次 須菩提 善男子善女人 受持讀誦此經 若爲人輕
부차 수보리 선남자선여인 수지독송차경 약위인경
賤 是人 先世罪業應墮惡道 以今世人輕賤故 先世罪
천 시인 선세죄업응타악도 이금세인경천고 선세죄

業 卽爲消滅 當得阿耨多羅三藐三菩提
업 즉위소멸 당득아뇩다라삼먁삼보리

"또한 수보리야, 선남자, 선여인이 이 경을 받아 가지며 읽고 외우되 만일 남에게 업신여김이 되면 이 사람은 선세의 죄업으로 마땅히 악도에 떨어지련마는 이 세상에서 남에게 천대를 받는 고로 선세 죄업이 곧 소멸하고 마땅히 아뇩다라삼먁삼보리를 얻으리라."

'수지독송(受持讀誦)'이란 이 《금강경》 도리로 온갖 정성을 다하여 신성을 바치고 수행하는 것이다. 이렇게 수지독송하고도 경멸과 천시를 받는 것은 과거 세상의 죄업이 너무도 두터워서 당연히 악도에 떨어지고도 열 번 마땅한 사람이지만 그 정도로 중죄가 청정히 소멸되는 것이다. 또한 이렇게 과거 전생에 지은 죄만 소멸하는 것이 아니라 더 나아가 죄업은 죄업대로 소멸되고 그리고 이제 무상대도까지 얻는 대각을 하는 경지에까지 도달된다고 말씀하셨다.

이것이 왜 그런가 하면 《금강경》 도리를 제대로 공부하는 사람은 다른 사람이 아무리 나에게 경멸하고 천시한다 하더라도 그 사람을 같이 상대해서 나도 경멸하고 천시하고 싸우고 또 억울하게 생각하고 원망하지 않기 때문이다.

《금강경》 공부를 깊이 하면 아무리 나를 경천한다 하더라도 내 마음은 조금도 흔들리지 아니하고 오히려 더 공경하고 더 공양하고 더 불공하는 모습을 갖는다. 그렇게 할 뿐이고 거기에다 아상, 인상, 중생상, 수자상까지도 두지 않는다. 그래서 원망하고 천한 것을 가려서 공경하지 않는다. 두루 다 늘 이렇게 공경하기 때문에 그 마음에 원한이 없고 원한으로 인한 번뇌까지도 다 그쳐 버린다. 그런 사람은 "마음이 다 바다같이 넓어 탕연(蕩然)하다."고 육조 대사가 말씀하셨다.

'탕연하다' 는 것은 마음이 허심 탕탕하고 하해같이 넓다는 것이다. 이런 사람은 남이 나를 어떻게 대하든 계교하는 바가 없이 항상 생각 생각이 《금강경》 도리를 수행하고, 마음 가운데 퇴전하지 않고 오직 그처럼 적공하기 때문에 비록 무량겁을 통해서 지금에 이르기까지 쌓아온 모든 업장과 악업이라도 그 가운데에서 다 소멸이 되어버린다.

야보께서 "한 일을 인(因)하지 않으면 한 지혜를 기르지 못한다." 고 하셨다.

그러니까 우리가 역경, 난경, 다른 사람의 비판도 받아 보고, 모략도 받아 보면서 익어 간다는 것이다. 그런 것을 안 받는 것이 좋은 것으로 알고 세상을 살려고 하지만 그렇지 않다. 그런 것을 받아 볼 때 야물어지고 다져지고 그러면서 성지(聖智)와 여래지(如來智)가 하나씩 길어난다.

45강

능정업장분 能淨業障分

자비 무량공덕

須菩提 我念過去無量阿僧祇劫 於然燈佛前 得値八
수보리 아념과거무량아승기겁 어연등불전 득치팔
百四千萬億那由他諸佛 悉皆供養承事 無空過者
백사천만억나유타제불 실개공양승사 무공과자

"수보리야, 내가 과거 무량 아승지겁 일을 생각하니 연등불 앞에 팔백사천만억 나유타 모든 부처님을 얻어 만나 다 공양하고 받들어 섬겨서 한 분도 빼놓은 일이 없었노라."

아승지는 범어로 끝없는 수이며, 나유타도 천만 또는 천억이라고도 하는 큰 수이다. '실개공양승사' 란 그렇게 오랜 세월 동안 많은 부처님을 한 분도 빠짐없이 모두 공양하고 받들어 드렸다는 말씀이다. 여기서 불(佛)은 성불한 부처님뿐만 아니라, 더 깊이 나아가서 처처불까지 포함하는 것이다.

어린 부처님 만나면 어린 부처님에게, 어른 부처님 만나면 어른 부처님에게 정성스럽게 불공하고, 더 나아가 현상, 존재 모두에게까지 공양하고 승사하고 받들었지 어느 한 때도 그냥 지나쳐 버린 때가 없으셨다는 말씀이다. 이런 공덕으로 부처님이 되신 것이다.

若復有人 於後末世 能受持讀誦此經 所得功德 於我
약부유인 어후말세 능수지독송차경 소득공덕 어아
所供養諸佛功德 百分不及一 千萬億分 乃至算數譬
소공양제불공덕 백분불급일 천만억분 내지산수비
喻 所不能及
유 소불능급

"만일 다시 어떠한 사람이 있어 이후 말세에라도 능히 이 경을 받아 가지며 읽고 외우면 얻는 바 공덕이 내가 모든 부처님에게 공양한 바 공덕으로는 백분에 하나도 미치지 못하며, 천만 억분과 내지 숫자의 비유로는 능히 미치지 못할지니라."

만약 이《금강경》도리를 확실히 이해하고《금강경》도리로 살아가는 사람이 있다고 하면, 이 사람의 공덕이 과거 부처님이 불공한 것보다 비교할 수 없이 크다는 뜻이다. 왜 그러한가?《금강경》도리로 살아가면, 그것도 처처불상 사사불공을 하게 되면 불공을 하는 곳마다 그 곳에서 끝없는 공덕이 나온다. 이《금강경》도리를 통해서 공덕을 쌓는 것은 복덕성(福德性)을 개발하는 것이다. 원천을 뚫어 준 것이고, 광맥을 뚫어 준 것이고, 수맥을 뚫어준 것이다.

예를 들어 물이 필요한 사람에게 한 달 동안 물을 길러 주는 것도 대단히 중요한 일이지마는 그 대신에 수맥을 찾아서 샘을 하나 파 주면 그 샘의 공덕은 그칠 날이 없는 것이다. 이 경으로 인하여 모든 중생심과 전도몽상, 사상(四相)을 떠나고, 영원히 삼독의 고를 벗어나 결국 무여열반에 이르게 하니 이 얼마나 큰 공덕인가 말이다.

須菩提 若善男子善女人 於後末世 有受持讀誦此經
수보리 약선남자선여인 어후말세 유수지독송차경
所得功德 我若具說者 或有人聞 心卽狂亂 狐疑不
소득공덕 아약구설자 혹유인문 심즉광란 호의불
信 須菩提 當知是經 義不可思議 果報亦不可思議
신 수보리 당지시경 의불가사의 과보역불가사의

"수보리야, 만일 선남자, 선여인이 이 후 말세에 능히 이 경을 받아 가지며 읽고 외우는 이가 있어서 얻은 바 공덕을 내가 다 말하면 혹 어떠한 사람이 있어 듣고 마음이 곧 어리둥절하여 여우같이 의심하고 믿지 아니할지니라. 수보리야, 마땅히 알라. 이 경은 뜻도 가히 생각하지 못하며 과보도 또한 가히 생각하지 못하니라."

또 다시 부촉해 주시는 말씀이다. 이러한 부처님의 간절한 본의를 깊이 느껴야겠다.

46강

구경무아분 究竟無我分

일체 중생을 멸도하리라

《금강경》 제17장에서는 아무리 특별한 것을 얻었더라도 모든 아견을 다 놓아 버린 것이 구경이지 찌꺼기가 남아 있다고 하면 구경이라고 할 수 없다는 것을 다시 강조해 주고 있다.

爾時 須菩提白佛言 世尊 善男子善女人 發阿耨多
이시 수보리백불언 세존 선남자선여인 발아뇩다
羅三藐三菩提心 云何應住 云何降伏其心
라삼먁삼보리심 운하응주 운하항복기심

이 때에 수보리 부처님께 사뢰어 말씀하되, "세존이시여,

선남자, 선여인이 아뇩다라삼먁삼보리심을 발한 이는 어떻게 주하며 어떻게 그 마음을 항복받으오리까?"

선남자, 선여인이 나도 무상대도를 터득해 봐야 하겠다는 큰 발심을 내었을 때 모든 사물을 접응하여 어떻게 그 마음을 주하며 어떻게 항복받으오리까 하고 묻는다.

"큰 서원을 내었지만 내 마음이 아직도 그저 재색명리를 따라, 희로애락 따라 이리 달리고 저리 달리려고 하는데, 그 마음을 어디에 머물러 둬야 하며, 어떻게 그 치성한 번뇌의 마음을 항복받을 수 있습니까?" 하고 여쭙는 대목이다.

佛告須菩提 若善男子善女人 發阿耨多羅三藐三菩提
불고수보리 약선남자선여인 발아뇩다라삼먁삼보리
心者 當生如是心 我應滅度一切衆生 滅度一切衆生
심자 당생여시심 아응멸도일체중생 멸도일체중생
已 而無有一衆生 實滅度者
이 이무유일체중 실멸도자

부처님께서 수보리에게 고하시되, "만일 선남자, 선여인이 아뇩다라삼먁삼보리심을 발한 이는 마땅히 이와 같은 마음을 내되 내가 마땅히 일체 중생을 멸도하리라. 일체 중생 멸도하기를 마친 후에는 한 중생도 실로 멸도함이 있지 않다

하리니.”

마땅히 이와 같이 마음을 내라에서 ‘이와 같이’ 란 앞서《금강경》도리에서 가르쳐 주신 바와 같이 무상무념의 마음을 내라는 뜻도 있고, 또 무상대도에 발심한 그 마음을 항상 간직해야 한다는 뜻도 있다.

여기서 “내가 마땅히 일체 중생을 멸도하리라.”는 서원을 말씀하신다. 서원이 중요하다는 말씀이다. 서원이 없고는 무시광겁으로부터 끊임없이 치성하게 일고 있는 번뇌의 마음들을 제어할 수 없다. ‘멸도(滅度)’란 일체 중생심을 멸하여 제도한다는 뜻이다.

비유해서 용광로를 생각해보면 된다. 모든 잡철, 기괴망측한 이 잡철들을 용광로에 넣으면 거기에서 모든 잡철들의 형틀이 싹 없어져 버린다. 잡철은 거기서 싹 청산되고 순수한 쇠만 다시 쏙 뽑아낸다. 이것이 멸도다.

그러니까 우리 중생심이 온갖 기괴망측의 모습으로 있는데, 그 중생심을 그 무여열반 자리에 소멸해 버리고, 거기서 보리만 쏙 뽑아내는 것이 멸도다. 일체 중생심을 다 소멸시키고 제도해서 다시 살려내겠다는 서원을 강조하신 것이다.

하지만 다시 한 중생도 실은 멸하여 제도했다는 것이 있지 않다고 말씀하신다. '없다' 그 말이다. 이것이 중요한 얘기다. 이것이 마지막에 가서 하는 얘기다.

그래서 무엇을 하고 내 마음 가운데에 했다는 것이 남아 있게 되면, 그것이 도화선이 되어 아상, 인상, 중생상, 수자상이 나오고 이 사상(四相)이 나오게 되면 그에 따라 또 다른 번뇌가 끝없이 일게 되는 것이기 때문에 거기서 "한 중생도 실은 내가 제도한 것이 없다." 하는 것이다.

47강

구경무아분 究竟無我分

4상이 있으면 보살이 아니다

何以故 須菩提 若菩薩 有我相人相衆生相壽者相 卽
하이고 수보리 약보살 유아상인상중생상수자상 즉
非菩薩
비보살

"어찌한 연고인고? 만일 보살이 아상과 인상과 중생상과 수자상이 있으면 곧 보살이 아니니라."

여기서 중생을 제도했다 했을 때 제도한 주인공〔主體〕을 '능(能)'이라 하고, 제도받는 대상〔客體〕을 '소(所)'라고 한다. 그래서 제도하는 주체와 제도받는 객체가 있는 이것은 참 열반자리에 혼연일체가 되지 않은 상태이다. 한 살이 된 때가 아니란 말이다.

목우십도송에서 목동도 없고 소도 없는 둥그런 일원상만 남아 있는 것이 바로 한 살이 되어 버린 궁극의 세계이다. 그런데 아직도 그것을 챙기는 마음이 남아 있으면 목동이 아직 남아 있는 것이고, 아직도 그 챙김을 받는 존재가 남아 있으면 소가 남아 있는 것이다.

소하고 목동하고 혼연일체가 되어서 소도 목동도 간 데 없이 둥그런 일원상만 남아 있는 상태, 그 때를 일러서 이제 마지막 찌꺼기 하나까지도 다 청산된 참 열반의 자리라 한다. 그렇기 때문에 사상이 있으면 보살이 아니라고 말씀하신 것이다.

所以者何 須菩提 實無有法發阿耨多羅三藐三菩提心者
소이자하 수보리 실무유법발아뇩다라삼먁삼보리심자

"소이가 무엇인고. 수보리야, 실로 법이 있어서 아뇩다라삼먁삼보리심을 발하는 이가 없나니라."

그 까닭이 무엇인가? 여기서 무유법을 잘 이해해야 한다. "한 법도 거기에 법이다." 하는 것이 있지 않다는 것이다. 그래서 한 법도 남아 있지 않는 그 무유법에 근거해서 아뇩다라삼먁삼보리가 전개되는 것이지 만약에 그 법에 사로잡힌 바가 있다고 하면 그것은 아뇩다라삼먁삼보리가 아니라는 것이다.

그래서 불법에도 사로잡히지 말라 하신 것이다. 불법에 사로잡힌 것은 아뇩다라삼먁삼보리법이 아니다. 떼배를 가지고 강을 건넜으면 끝나는 것이지 그 떼배를 걸어가면서까지 짊어지고 갈 것은 없다.

내가 열반에 들어가기 위해서 법을 가지고 그 길을 찾아서 노를 저어서 간 것은 괜찮다. 하지만 다 건너가서는 이제 법마저도 놓아 버려야 그 참 진경에 든 것이다. 그래서 유법(有法), 법에 사로잡혔다고 하는 것은 다시 아상, 인상, 중생상, 수자상에 사로잡혔다는 것이고, 이 네 가지 법을 제거하지 않고는 끝내 보리를 얻을 수가 없기 때문에 이런 사상의 법까지 다 놓아버려서 마음 가운데 티끌만한 상(相) 하나도 없어야 아뇩다라삼먁삼보리 자리라고 할 수 있는 것이다.

須菩提 於意云何 如來於然燈佛所 有法得阿耨多羅
수보리 어의운하 여래어연등불소 유법득아뇩다라
三藐三菩提不 不也世尊 如我解佛所說義 佛於然燈
삼먁삼보리부 불야세존 여아해불소설의 불어연등

佛所 無有法得阿耨多羅三藐三菩提
불소 무유법득아뇩다라삼먁삼보리

"수보리야, 네 뜻에 어떠하냐? 여래가 연등불의 처소에서 법이 있어 아뇩다라삼먁삼보리를 얻었느냐?" "아니옵니다 세존이시여, 제가 부처님의 설하신 뜻을 아는 바와 같아서는 부처님께서 연등불 처소에서 법이 있어 아뇩다라삼먁삼보리를 얻은 일이 없나이다."

앞서 말씀을 다시 부촉해 주시는 것이다. 수보리가 부처님 뜻을 잘 알아들었기에 부처님께서 연등불소에 계실 때조차도 유법으로 무상대도를 얻은 것이 아니다라고 한 것이다.

48강

구경무아분 究竟無我分

여래는 모든 법이 여여하다는 뜻

佛言 如是如是 須菩提 實無有法如來得阿耨多羅三
불언 여시여시 수보리 실무유법여래득아뇩다라삼
藐三菩提
먁삼보리

부처님께서 말씀하시되, "그러하고 그러하다. 수보리야, 실로 법이 있어 여래가 아뇩다라삼먁삼보리를 얻은 일이 없나니라."

부처님께서 기특하게 생각하시어, "그렇고, 그렇다, 네가 참 잘 알아들었구나!" 하시는 말씀이다. 해공제일 수보리가 부처님의 뜻을 잘 받들어 알았기에 그러신 것이다. 우리도 그와 같이 언제, 어디서나 부처님, 대종사님의 본의를 잘 받들어 《금강경》 도리로 살면 그와 같이 법신불과 삼세제불제성께서 바로 그곳에서 "여시여시(如是如是)하다."며 칭찬하고 계실 것이다.

須菖提 若有法如來得阿耨多羅三藐三菩提者 然燈
수보리 약유법여래득아뇩다라삼먁삼보리자 연등
佛 卽不與我受記 汝於來世 當得作佛 號釋迦牟尼
불 즉불여아수기 여어내세 당득작불 호석가모니
以實無有法得阿耨多羅三藐三菩提 是故 然燈佛
이실무유법득아뇩다라삼먁삼보리 시고 연등불
與我受記 作是言 汝於來世 當得作佛 號釋迦牟尼
여아수기 작시언 여어내세 당득작불 호석가모니

수보리야, 만일 법이 있어 여래가 아뇩다라삼먁삼보리를 얻었다 할진대 연등불께서 곧 나에게 수기를 주시되, "네가 내세에 마땅히 부처가 되어 호를 석가모니라 하리라." 하지 않으시련마는, 실로 법이 있어 아뇩다라삼먁삼보리를 얻음이 없을 새 이런 고로 연등불께서 나에게 수기를 주시며 이 말씀을 하시되, "네가 내세에 마땅히 부처가 되어 호를 석가모니라 하리라." 하셨나니라.

'수기' 란 부처님으로부터 내생에 부처가 될 것이라는 예언을 받는 것을 말한다. 그래서 여기서는 과거 연등불소에서 여래가 유법(有法)으로 무상대도를 얻은 것이 아니라, 무유법(無有法)으로 무상대도를 얻었기 때문에 "네가 내세에 마땅히 부처가 되리라."는 수기를 주신 예화를 통해서 법이 있어 무상대도를 얻은 것이 아님을 다시 강조하신 것이다.

何以故 如來者 卽諸法如義
하이고 여래자 즉제법여의

"어찌한 연고인고? 여래라 함은 모든 법이 여여하다는 뜻이다."

불교에서는 법은 이 현상 세계 모든 것을 다 일러서 법이라고 한다. 이 세상 모든 것은 한 순간도 그대로 있는 것이 없다. 육근이 육경에 들어가면 무수한 분별이 일어나 본체를 매각시켜 버린다. 제법여의란 아무것에도 물들지 않고 집착하지도 않고 항상 허공과 같이 부동하고 여여하여 변함이 없다는 것이다. 구경자리다.

그래서 이 여래를 일러서 대산 종사께서 불염(不染), 불괴(不壞), 불매(不昧)라고 하셨다. 하지만 공부가 없으면 돈 한 푼에도 색성향미촉법에 홀랑 물들고, 색경계만 와도 홀딱 빠져버려서 여여한 본래 자리를 지키지 못한다. 그래서 야보께서도 일원상을 그려 놓고 그 원에다 주하라 하셨다.

물들지 않은 순수한 물은 그 맛이 없지만 생명력은 오히려 왕성하다. 하지만 물에 무엇을 타고 보면 그 때부터 생명력이 퇴색되고, 썩기 시작한다. 우리 성품이 그와 같다.

若有人言 如來得阿耨多羅三藐三菩提 須菩提 實無
약유인언 여래득아뇩다라삼먁삼보리 수보리 실무
有法佛得阿耨多羅三藐三菩提
유법불득아뇩다라삼먁삼보리

혹 사람이 있어 말하되, "여래가 아뇩다라삼먁삼보리를 얻었다고 하나 수보리야, 실은 법이 있어 불타가 아뇩다라삼먁삼보리를 얻음이 없나니라."

그래서 이와 같이 다시 말씀하시는 것이다.

49강

구경무아분 究竟無我分

큰 몸이 아닐 새, 큰 몸

須菩提 如來所得阿耨多羅三藐三菩提 於是中 無實
수보리 여래소득아뇩다라삼먁삼보리 어시중 무실
無虛 是故 如來說 一切法 皆是佛法
무허 시고 여래설 일체법 개시불법

"수보리야, 여래의 얻은 바 아뇩다라삼먁삼보리는 이 가운데에 실함도 없고 허함도 없나니 이런 고로 여래가 설하되, '일체 법이 다 이 불법이라.' 하나니라."

그 자리는 다 비었기 때문에 아무것도 없는 것이지만, 그렇기 때문에 다시 무궁무진한 것이 있는 것이다. 그래서 일체법이 다 불법이 되는 것이다. 일체법에 걸리지 않기 때문에 다시 일체를 수용해서 아뇩다라삼먁삼보리를 이뤄 내는 것이다. 전부가 다 불법이다.

대종사님께서, "변산구곡로(邊山九曲路)에 석립청수성(石立聽水聲) 무무역무무(無無亦無無)요 비비역비비(非非亦非非)라(성리품 11장)."하셨는데, 그때 그 모습이 바로 그것이다. 야보께서도 "밝고 밝은 풀 머리에 밝고 밝은 조사의 뜻이 거기에 있더라."라고 했다. 그러니까 소나무는 소나무대로, 후박나무는 후박나무대로, 바위는 바위대로 다 그 역할을 하고 있다는 것이다. 그래서 이 이치를 알면 '걸주' 도 부처님이다. 악역을 담당하는 부처님이다.

일체법을 불법으로 알지 못할 때는 해로운 존재들로 보이지만, 일체법을 불법으로 알게 되면 다 거기에 깨달음의 은혜가 있고 나름대로 거기에서 그 의미를 살려낸다.

須菩提 所言一切法者 卽非一切法 是故 名一切法
수보리 소언일체법자 즉비일체법 시고 명일체법

"수보리야, 말한 바 일체 법이란 것은 곧 일체 법이 아닐 새 이런고로 일체 법이라 이름하나니라."

일체법이라고 해 놓으시고 또 거기 사로잡힐까 싶어서 하시는 말씀이다. 일체법에 사로잡히지 않은 그 상태를 일러서 일체법이라 이르는 것이다.

그래서 모든 법에 그 취사의 마음이 없고, 또는 모든 것을 상대로 능소심(주객의 마음)이 없어져버려야 공적의 세계에서 모든 좋은 법을 치연히 건립하게 되는 것이다. 이것을 일러 일체법을 알았다 하는 것이다.

보통 사람 같으면 욕심을 없애라고만 가르쳐 주는데, 부처님께서는 욕심을 없앴다는 것까지도 없애도록 가르쳐 주신다.

없다고 하는 것도 사로잡히지 않아서 어떤 욕심 경계가 온다 하더라도 두려워하거나, 걸리는 마음까지도 없게 하신다. 그렇기 때문에 부처님의 가르침은 차원이 다른 것이다.

須菩提 譬如人身長大 須菩提言 世尊 如來說人身長
수보리 비여인신장대 수보리언 세존 여래설인신장
大 卽爲非大身 是名大身
대 즉위비대신 시명대신

"수보리야, 비유컨대 사람의 몸이 장대하다 함과 같나니라." 수보리 말씀하되, "세존이시여, 여래께서 말씀하신 사람의 몸이 장대하다 함은 곧 큰 몸이 아닐 새 이것을 큰 몸이라고 이름 하나이다."

사람으로 말하면 사람의 몸이 큰 것과 같다는 것이다. 그러니까 우리가 일체법에 사로잡히면 마치 화분 속에 든 나무와 같이 더 크지 못한다. 틀에 갇혀서 크지 못하는 것이다.

'인신장대' 란 그런 틀(상)이 없어서 부처님의 속성이 한량없이 커진 것이다. 수보리는 다시 "큰 몸에도 사로잡히지 않아야 큰 몸이라고 이릅니다."라고 하며 부처님의 뜻을 다시 강조한다.

50강

구경무아분 究竟無我分

무아법을 통달하면 참 보살

須菩提 菩薩亦如是 若作是言 我當滅度 無量衆生
수보리 보살역여시 약작시언 아당멸도 무량중생

卽不名菩薩 何以故 須菩提 實無有法名爲菩薩 是故
즉불명보살 하이고 수보리 실무유법명위보살 시고

佛說一切法 無我無人無衆生無壽者
불설일체법 무아무인무중생무수자

"수보리야, 보살도 또한 이와 같아서 만일 이러한 말을 하되, '내가 마땅히 무량 중생을 멸도하였노라.' 하면 곧 보살이라고 이름하지 못할지니, 어찌한 연고인고? 수보리야, 실로 법 있음이 없을새 이를 보살이라 이름하나니 이런 고로 불타의 말이 '일체 법이 아(我)도 없고, 인(人)도 없고, 중생도 없고, 수자도 없다.' 고 하나니라."

멸도했다는 상을 가지면 보살이라 할 수 없다는 것이다. 그래서 무유법(無有法)으로 사상이 없을 때 이름하여 보살이라 한다.

이렇게 상이 없으면 어떻게 되는가? 야보께서 그랬다. 소를 부르면 곧 소이고, 말을 부르면 곧 말이다. 추우면 춥다고 하고, 더우면 덥다고 하고, 그것이 그것이란 말이다.

배 고프면 밥 먹고, 목 마르면 물 마시고, 졸리면 자고, 힘들면 쉬고 이것이 불법이다.

표면적으로는 보통사람하고 하나도 다른 것이 없다. 하지만 '색, 성, 향, 미, 촉, 법' 에 걸리지 않고, 어떤 경계에서도 불염(不染), 불괴(不壞), 불매(不昧)하는 것이 다른 것이다.

須菩提 若菩薩作是言 我當莊嚴佛土 是不名菩薩 何
수보리 약보살작시념 아당장엄불토 시불명보살 하
以故 如來說莊嚴佛土者 卽非莊嚴 是名莊嚴
이고 여래설장엄불토자 즉비장엄 시명장엄

"수보리야, 만일 보살이 이러한 말을 하되, '내가 마땅히 불토를 장엄하노라.' 하면 이는 보살이라 이름하지 못할지니, 어찌한 연고인고? 여래의 말한 불토 장엄이란 것은 곧 장엄이 아닐새 이것을 장엄이라 이름하나니라."

지금까지 없고 없다는 말씀을 다 하셨다. 하지만 자칫 잘못하면 없는 것만 능사로 생각할 수가 있기 때문에 다시 장엄을 말씀하신다. 없애는 것은 정토의 터 닦음이다.

불토를 장엄한다 함은 우리의 마음을 어진 마음과 겸손한 마음으로 장엄하고, 정성스러운 마음과 인내심으로 장엄하고, 위하려는 마음으로 장엄하고, 착한 것으로 장엄하고, 지혜의 마음으로 장엄하는 것이다.

須菩提 若菩薩 通達無我法者 如來說名眞是菩薩
수보리 약보살 통달무아법자 여래설명진시보살

"수보리야, 만일 보살이 무아의 법을 통달한 이는 여래가 참으로 보살이라고 이름하나니라."

이 모든 장엄과 공덕의 의미, 무유법의 의미 등이 모든 원리를 통달한 것을 일러 무아법에 통달했다고 한다.

그래서 여래께서는 "제법이 실상이 아닌 것을 통달해서 사통오달로 모든 것에 걸리고 막히지 않는 통달무아법자(通達無我法者)를 일러 참으로 보살이다." 하셨다.

그 마음 가운데에 무엇이 도사리고 있느냐에 따라 전체 마음 세계가 온통 그것으로 뒤덮이며 작용한다는 뜻이다.

그렇기 때문에 마음 가운데에 무아의 법을 간직하게 되면 일체 모든 것이 장엄을 해도 무아가 되고, 어떤 법을 상대해도 무아가 되며, 몸을 상대를 해도 무아가 되고, 모든 것을 불법이라 해도 무아가 되는 것이다.

51강

일체동관분 一體同觀分

여래의 오안(五眼)

須菩提 於意云何 如來有肉眼不 如是世尊 如來有肉眼
수보리 어의운하 여래유육안부 여시세존 여래유육안

須菩提 於意云何 如來有天眼不 如是世尊 如來有天眼
수보리 어의운하 여래유천안부 여시세존 여래유천안

須菩提 於意云何 如來有慧眼不 如是世尊 如來有慧眼
수보리 어의운하 여래유혜안부 여시세존 여래유혜안

須菩提 於意云何 如來有法眼不 如是世尊 如來有法眼
수보리 어의운하 여래유법안부 여시세존 여래유법안

須菩提 於意云何 如來有佛眼不 如是世尊 如來有佛眼
수보리 어의운하 여래유불안부 여시세존 여래유불안

"수보리야, 네 뜻에 어떠하냐, 여래가 육안이 있느냐?" "그러하옵니다. 세존이시여, 여래께서 육안이 있나이다." "수보리야, 네 뜻에 어떠하냐, 여래가 천안이 있느냐?" "그러하옵니다. 세존이시여, 여래께서 천안이 있나이다." "수보리야, 네 뜻에 어떠하냐, 여래가 혜안이 있느냐?" "그러하옵니다. 세존이시여, 여래께서 혜안이 있나이다." "수보리야, 네 뜻에 어떠하냐, 여래가 법안이 있느냐?" "그러하옵니다. 세존이시여, 여래께서 법안이 있나이다." "수보리야, 네 뜻에 어떠하냐, 여래가 불안이 있느냐?" "그러하옵니다. 세존이시여, 여래께서 불안이 있나이다."

이상에서 여래의 오안(五眼)을 말씀하셨다. 육안(肉眼), 천안(天眼), 혜안(慧眼), 법안(法眼), 불안(佛眼)을 오안이라 하는데, 이 다섯 가지가 비록 다르지마는 결국은 하나의 세계에 근거하고 있는 것을 일러 주신 것이다. 여기에서 '육안' 이라 하면 처음에 우리 마음 가운데 미한 마음을 제거하고 현실적인 모든 청황적백 등을 잘 분별하여 보는 것이다.

다음으로 일체 중생이 다 스스로 불성을 가지고 있는 것을 알지 못하고 매하여 있는 것을 알아 마음 아프게 여기는 것을 '천안' 이라 한다.

그 다음에 마음 가운데 어리석은 마음을 내지 않고 항상 지혜의 마음을 내는 것을 일러서 '혜안' 이라 한다. 그리고 항상 법에 집착함이 없으면서 법에 근거하고 법에 바탕하여 바라보는 그 마음을 '법안' 이라 한다. 그 다음에는 조그마한 미혹이라도 다 사라져버려서 그 지혜 광명이 두렷히 밝아가지고 두루 비치는 것〔圓明平照〕을 일러서 불안이라 한다. 그런데 이런 오안이 어디 따로 있느냐 하면 그렇지가 않다. 그것은 다 색신(色身)에 있다. 우리의 몸 안에 있다. 색신 중에 법신이 있고, 법신 중에 여러 가지 육안, 천안, 혜안, 법안, 불안 이런 것이 다 있다는 것이다.

그래서 야보께서 "진재미모하(盡在眉毛下)"라 하셨다. 그 오안이 어디 따로 따로 있지 않고 모두 우리 눈썹 밑에 있다는 뜻이다. 그래서 부처님께서 앞서서 통달무아법을 말씀하시고 이렇게 오안을 말씀하신 것은 우리가 멍청이같이 아무것도 없는 무아의 세계에만 머물러 있지 말고 이렇게 한량없이 바라보는 그런 세계가 있는 것까지도 잘 알아야 한다는 뜻이다.

오안은 법신 여래의 본체에서 다섯 가지의 안목으로 작용하여 그 마음씀의 단계 없는 단계의 지위를 분명히 드러낸 말씀이다. 따라서 공부인은 여래의 오안이 본래 자성 안에 갖추어 있음을 알아 지성으로 수행하여 각각 그 차원에 따라 여래의 오안을 널리 나타내야 하겠다.

52강

일체동관분 一體同觀分

과거심, 현재심, 미래심도 얻을 수 없나니라

須菩提 於意云何 如恒河中所有沙 佛說是沙不 如是
수보리 어의운하 여항하중소유사 불설시사부 여시
世尊 如來說是沙 須菩提 於意云何 如一恒河中所有
세존 여래설시사 수보리 어의운하 여일항하중소유
沙 有如是沙等恒河 是諸恒河所有沙數佛世界 如是
사 유여시사등항하 시제항하소유사수불세계 여시
寧爲多不 甚多世尊
영위다부 심다세존

"수보리야, 네 뜻이 어떠하냐, 항하 가운데 있는 바 모래 같다고 불타가 이 모래를 설한 일이 있느냐?" "그러하옵니다. 세존이시여, 여래께서 이 모래를 설하셨나이다." "수보리야, 네 뜻에 어떠하냐, 한 개의 항하 가운데 있는 모래 수와 같이 이 같은 모래 수 등 항하가 있고 이 모든 항하에 있는 모래 수만큼 부처의 세계가 이러하다 하면 정녕코 많다 하겠느냐?" "심히 많나이다. 세존이시여."

佛告須菩提 爾所國土中 所有衆生 若干種心 如來悉
불고수보리 이소국토중 소유중생 약간종심 여래실
知 何以故 如來說諸心 皆爲非心 是名爲心
지 하이고 여래설제심 개위비심 시명위심

부처님께서 수보리에게 고하시되, "저 국토 가운데에 있는 중생의 여러 가지 마음을 여래가 다 알고 있나니 어찌한 연고인고? 여래의 말한 모든 마음이 다 마음이 아닐 새 이것을 마음이라 이름하나니라."

앞서 말씀과 같이 중생의 마음세계에서 일어나는 번뇌의 종류가 항하사만큼 한량이 없는데, 그 마음을 여래가 다 알고 있다는 뜻이다.

《금강경》 도리를 통달하고 보면 마음이 밝아져서 구류중생의 마음을 다 헤아려 보고 불공하게 되는 것이다. 여래는 없는데, 머물러 있지 않고 다 살피고 불공한다. 그런데 이제 또 그 마음이란 것에 사로잡혀서 일파만파로 새로운 번뇌심이 일어날까 싶어 "그 마음도 마음이 아니다. 그 아닌 것을 일러서 마음이라 이름한 것이다."고 하신다. 야보께서 '병다암약성'이라 하셨다. 병이 많으면 약의 성질을 기억한다는 것이다. 부처님께서 중생의 병을 다 아시기 때문에 중생이 이 병에 걸릴까, 저 병에 걸릴까 하시며 그렇게 구구절절하게 부촉해 주시고 계신다는 뜻이다.

所以者何 須菩提 過去心不可得 現在心不可得 未來
소이자하 수보리 과거심불가득 현재심불가득 미래
心不可得
심불가득

"소이가 무엇인고? 수보리야, 과거의 마음도 가히 얻지 못하며 현재의 마음도 가히 얻지 못하며, 미래의 마음도 가히 얻지 못하니라."

그 마음이 마음이 아니다는 뜻에서 과거심도 얻을 수 없다 하셨다. 한 번 지나가 버리면 나의 자성세계에 그 그림자가 남아 있지 않는 것이다. 다 깨끗이 청산해 버리지 과거 것을 지금까지 끌고 들어와 번뇌를 일으키지 않는다.

과거의 어떤 일이 있었더라도 현재까지 번뇌로 끌고 가지 않는 것이 과거심불가득이다. 현재에 있어서도 색성향미촉법이 들어서 나에게 여러 가지 중생심을 일으키거나 보리심을 방해하지 못하는 것이 현재심불가득이다.

순경, 역경을 만나도 철주의 중심이 되고 석벽의 외면이 되어서 부귀영화로도 그 마음을 달래어 가지 못하고, 무기와 권세로도 그 마음을 어떻게 하지 못하는 것이다. 그 다음에 미래에 올 일을 끌어당겨다가 걱정을 하고 번뇌를 일으키거나 하지 않는 것이 미래심불가득이다.

그래서 과거심, 현재심, 미래심에서 일어나던 번뇌가 다 청산되어 버려야 이것이 참 불보살의 마음이라는 말씀이다.

53강

법계통화분 法界通化分

법계를 다 교화하다

須菩提 於意云何 若有人 滿三千大千世界七寶 以用
수보리 어의운하 약유인 만삼천대천세계칠보 이용
布施 是人 以是因緣 得福多不 如是世尊 此人 以是
보시 시인 이시인연 득복다부 여시세존 차인 이시
因緣 得福甚多
인연 득복심다

"수보리야, 네 뜻에 어떠하냐? 만일 어떠한 사람이 있어 삼천 대천 세계에 가득 찬 칠보로써 보시에 사용하면 이 사람이 이 인연으로써 복을 얻음이 많겠느냐?" "그러하옵니다. 세존이시여, 이 사람이 이 인연으로써 복 얻음이 심히 많겠나이다."

법계를 통하여 화하는 것을 말씀하신 장이다. 앞서서 과거심도 불가득이고, 현재심도 불가득이고, 미래심도 불가득이라는 말씀을 하시고, 듣는 사람이 이것도 저것도 전부 다 없고, 없는 그런 세계에만 그쳐버릴까 싶어서 그렇게 하게 되면 결국 법계를 통해서 화하는 그 공덕이 한량없이 나타난다는 것을 이 장에서 다시 말씀하신 것이다.

삼천대천 세계에 가득 찬 칠보로 보시를 한다니 그 얼마나 복이 큰 것인가? 그래서 이 사람이 그러한 큰 복을 지은 인연으로 또한 많은 복을 얻지 않겠는가! 그래서 수보리가 "여시(如是)니이다(그렇습니다)."라고 한 것이다.

그런데 심히 많다 하는 정도는 사실은 많다 하는 정도지 그것이 무한대로 많다 하는 것은 아니다. 다시 말해서 심히 많기는 해도 실제로 그렇게 많은 것은 아니다. 아무리 커도 상(相)이 있기 때문에 결국 다함이 있는 것이다.

須菩提 若福德有實 如來不說得福德多 以福德無故
수보리 약복덕유실 여래불설득복덕다 이복덕무고

如來說得福德多
여래설득복덕다

"수보리야, 만일 복덕이 실상이 있을진대 여래가 복덕 얻음이 많다고 말하지 아니하련마는, 복덕이 없음으로써 여래가 복덕이 많다고 말하나니라."

실체가 있고, 실상이 있고, 형상이 있는 것 같으면, 그것을 많다고 할 수 없다는 말이다.

그래서 그 형상이 있는 그런 것들은 바로 이 보리과를 얻는 데 도움이 되는 것은 아니다.

물론 물질로 보시는 많이 하였다 하여도 그것만으로는 보리과를 얻는 데 부족하다. 그것만으로는 영겁을 통하여 당하는 곳마다 끊임없이 복을 베풀 수 있는 그 근본(복덕성)을 얻을 수 없는 것이다.

삼천대천 세계 칠보로 보시한 것이라도 그것만 가지고는 복덕이 많다고 하지 않으신다. 대신에 복덕이라고 하는 실상에 사로잡히지 않는 그런 자리〔以福德無故〕를 여래께서는 복덕이 많다고 하신 것이다.

다시 말해, 수량으로 헤아릴 수 없는, 수량을 초월한 복이라야 복덕이 많다고 하신 것이다. 그래서 이 복덕은 법계를 통해서 한량없이 다 교화를 한다.

이 복덕성을 계발하고 보리과를 증득하게 되면 우리 법문 말씀과 같이 손길 닿는 곳마다, 발길이 머무는 곳마다 공덕이 나타나게 된다.

또한 뜻이 향하는 곳마다, 마음이 머무르는 곳마다 내가 향하는 곳은 어떠한 법계에 가서 어떠한 행동을 해도 이것이 모두 성불하고 제중하는 공덕으로 나타나게 된다는 것이다.

그렇기 때문에 이것이 삼천대천 세계의 칠보로 보시하는 것보다 더 큰 것이다.

54강

이색이상분 離色離相分

색과 상을 떠나다

須菩提 於意云何 佛可以具足色身見不 不也世尊
수보리 어의운하 불가이구족색신견부 불야세존

如來不應以具足色身見 何以故 如來說具足色身 卽
여래불응이구족색신견 하이고 여래설구족색신 즉

非具足色身 是名具足色身
비구족색신 시명구족색신

"수보리야, 네 뜻에 어떠하냐, 불타를 가히 구족 색신으로 보겠느냐?" "아니옵니다. 세존이시여, 여래를 마땅히 구족 색신으로써 보지 못하나이다. 어찌한 연고인가 하오면 여래께서 말씀하신 구족 색신이 곧 구족 색신이 아닐 새 이것을 구족 색신이라 이름하나이다."

색과 상을 떠나야 참 여래를 볼 수 있다는 말씀이다. 육신으로 결함 없이 온전하게 갖춘 것을 일러서 구족 색신이라고 한다. 육조 대사께서 "32상은 곧 색신이 구족함이 아니고 안으로 32청정행(오근×육바라밀+정+혜=32청정행)을 갖춰야 이를 색신이 구족하다고 한다."고 하셨다.

須菩提 於意云何 如來可以具足諸相見不 不也世尊
수보리 어의운하 여래가이구족제상견부 불야세존
如來不應以具足諸相見 何以故 如來說諸相具足 卽
여래불응이구족제상견 하이고 여래설제상구족 즉
非具足 是名諸相具足
비구족 시명제상구족

"수보리야, 네 뜻에 어떠하냐, 여래를 가히 구족한 모든 상으로써 보겠느냐?" "아니옵니다. 세존이시여, 여래를 마땅히 구족한 모든 상으로써 보지 못하나이다. 어찌한 연고인가 하오면 여래께서 말씀하신 모든 상이 구족하다 함은 곧 구족이 아닐 새 이것을 모든 상이 구족하다 이름하나이다."

부처님은 과거 오백생을 닦은 수행의 과보로 길상으로써 삼십이상(三十二相)과 팔십종호(八十種好)를 지녔는데, 이것을 '제상(諸相)'이라고 한다.

여기 말씀은 형상을 통해서는 참 법신을 보지 못한다는 말씀이고, 모든 수행을 다하고도 그 흔적이 없어야 참다운 수행상을 이룬 것이다. 자칫 잘못하여 평소에 수행은 하나도 안 하고 상이 없다 하는 것으로 알면 안 된다. 이는 철저하게 수행하여 쌓고 쌓아 백척간두에까지 올라가서 거기에서 진일보하여 모든 상을 여의었다는 뜻이다. 그래서 구족하다는 흔적이 없으면서 구족한 수행상을 이룬 것이다.

이렇게 보면 부처님께서는 상이 있으신 것 같기도 하고, 없으신 것 같기도 하다. 그래서 야보께서 "우리가 공적인 입장에서는 사사로운 것이라고 하는 것은 바늘귀 하나도 들어갈 데가 없어야 하지만, 사사로움이 통할 때에는 거마도 주고받고 할 수 있다."고 했다.

인정이 건네는 문제에 있어서는 그야말로 말과 수레와 같은 요즘 말로는 자동차 하나로도 주고받을 수 있어야 한다는 말씀이다. 중생 제도하는 방편으로 대종사님도 얼마나 당신 법을 가지고 상을 내시고 자랑을 하셨는지 모른다. 내 법을 알아보고 감탄할 사람이 수도 없이 나올 것이다. 나를 못 본 사람은 한탄할 것이고 나를 본 사람의 눈이라도 보고 싶어할 것이라는 등 중생 제도를 위해서 자랑을 한 것이다.

그러니까 경우에 따라서는 이러한 상을 얼마든지 활용할 수 있다. 하지만 자신의 인격을 형성해 가는 데 있어서는 또한 바늘귀만한 것도 용납해서는 안 된다는 그런 말씀이다.

55강

비설소설분 非說所說分

설한 바가 없나니라

須菩提 汝勿謂如來作是念 我當有所說法 莫作是念
수보리 여물위여래작시념 아당소유설법 막작시념
何以故 若人言 如來有所說法 卽爲謗佛 不能解我所
하이고 약인언 여래유소설법 즉위방불 불능해아소
說故
설고

"수보리야, 너는 여래가 이러한 생각을 하되, '내가 마땅히 설한 바 법이 있다.' 하리라고 이르지 마라. 이러한 생각을 하지 말지니 어찌한 연고인고? 만일 어떠한 사람이 있어 말하되, '여래께서 설한 바 법이 있다.' 하면 곧 부처를 비방함이라. 능히 나의 설한 바를 알지 못한 연고니라."

설한 바가 있으면 참으로 설법이 아니라는 말씀이다.

우리는 종종 부처님께서 이런 법을 설해 주셨다고 자랑삼아 말하곤 한다. 그런데 그렇게 말을 한 사람은 사실은 부처님을 비방한 것이 되고 만다는 것이다. 《금강경》 도리의 입장에서는 그런 것이다. 왜냐하면 근본자리의 법이라고 하는 것은 그 무엇으로도 질정(質定)할 수가 없는 무유정법이기 때문에 언설로 나타냈다고 하면 이것은 무너지는 것이다.

그래서 부처님께서 무엇이라고 설한 바 법이 있다는 생각을 말라는 뜻이다.

須菩提 說法者 無法可說 是名說法
수보리 설법자 무법가설 시명설법

"수보리야, 설법이란 것은 가히 설할 법이 없을 새 이것을 설법이라 이름하나니라."

무법을 설해야 설법이다. 무법이 아닌 그 무법에서 나온 가지를 가지고 얘기를 하는 것은 설법으로써 가치가 없다. 세상에는 선언(善言), 요언(要言), 명언, 좌우명 등 이런 많은 말이 있다. 하지만 그 말들은 무법이 아니다. 법이 없는 자리에다 바탕한 것이 아니다. 그러니까 어느 경우에 필요하기는 하지만 진짜 법을 설한 것은 아니다.

'설법'이라고 하는 것은 법강항마위 이상 도인의 말씀이다. 마음 가운데 재색명리의 상을 떠나고, 아상, 인상, 중생상, 수자상을 떠난 그 자리에서 나온 말이라야 그게 설법이다.

爾時 慧命須菩提 白佛言 世尊 頗有衆生 於未來世
이시 혜명수보리 백불언 세존 파유중생 어미내세
聞說是法 生信心不 佛言 須菩提 彼非衆生 非不衆
문설시법 생신심부 불언 수보리 피비중생 비불중
生 何以故 須菩提 衆生衆生者 如來說非衆生 是名
생 하이고 수보리 중생중생자 여래설비중생 시명
衆生
중생

이 때에 혜명 수보리 부처님께 사뢰어 말씀하되, "세존이시여, 혹 중생이 있어 미래 세상에 이 법 설하심을 듣고 믿는 마음을 내오리까?" 부처님께서 말씀하시되, "수보리야, 그가 중생이 아니며 중생 아님도 아니니, 어찌한 연고인고? 수보리야, 중생, 중생이란 것은 여래가 중생이 아니라고 말할 새 이것을 중생이라 이름하나니라."

부처님께서 보살과 중생을 비교해서 중생이라는 말을 하시니까 우리가 중생에 대하여 차별심을 가지고 미워할 수 있다. 또 하나는 "부처님 마음속에 중생이라고 하는 그림자가 있으신가?" 하고 의심할 수 있다. 그 생각을 바루어 주신 것이다.

부처님께서 '중생, 중생' 하셨어도 이것은 어디까지나 일체가 다 부처인 차별이 없는 평등한 바탕 위에서 말씀하신 것이지, 사실은 중생이 아니라는 것이다. 이것은 허황된 말이 아니라 실지 공부를 깊이 하다 보면 초목, 금수, 나무토막, 바윗덩이, 이런 것까지도 일체가 부처구나 하는 심경에 이르게 된다. 그 경지에서 중생이라 이름할 뿐이다.

56강

무법가득분 無法可得分

법 아님을 가히 얻는다

須菩提白佛言 世尊 佛得阿耨多羅三藐三菩提 爲無
수보리백불언 세존 불득아뇩다라삼먁삼보리 위무
所得耶 佛言 如是如是 須菩提 我於阿耨多羅三藐三
소득야 불언 여시여시 수보리 아어아뇩다라삼먁삼
菩提 乃至無有少法可得 是名阿耨多羅三藐三菩提
보리 내지무유소법가득 시명아뇩다라삼먁삼보리

수보리 부처님께 사뢰어 말씀하되, "세존이시여, 부처님께서 얻으신 아뇩다라삼먁삼보리는 얻은 바가 없음이 되나이까?" 부처님께서 말씀하시되, "그러하고 그러하다 수보리야

,내가 아뇩다라삼먁삼보리에 내지 작은 법도 가히 얻음이 없을새 이것을 아뇩다라삼먁삼보리라 이름하나니라."

가히 얻을 법이 없다. 또는 법이라고 할 것이 없는 것〔無法〕을 가히 얻었다는 말씀이다. 여기에서 조그마한 법도 가히 얻지 않았다는 것은 바로 마음에 '그 무엇을 얻었다. 이것은 꼭 간직해야 되겠다.' 는 생각이 호리도 없다는 뜻이다. 취사선택심이 마음에 남아 있다면 이것은 무상대도가 아니라는 말씀이다.

57강

정심행선분 淨心行善分

깨끗한 마음으로 선을 행하라

復次 須菩提 是法平等 無有高下 是名阿耨多羅三藐
부차 수보리 시법평등 유무고하 시명아뇩다라삼먁
三菩提 以無我無人無衆生無壽者 修一切善法 卽得
삼보리 이무아무인무중생무수자 수일체선법 즉득
阿耨多羅三藐三菩提 須菩提 所言善法者 如來說 卽
아뇩다라삼먁삼보리 수보리 소언선법자 여래설 즉
非善法 是名善法
비선법 시명선법

"또한 수보리야, 이 법이 평등하여 고하가 없을새 이것을 아뇩다라삼먁삼보리라 이름하나니, 아도 없고, 인도 없고, 중생도 없고, 수자도 없는 것으로써 일체 선법(善法)을 닦으면 곧 아뇩다라삼먁삼보리를 얻으리라. 수보리야, 말한 바 선법이란 것은 여래가 곧 선법이 아니라고 말할새 이것을 선법이라 이름하나니라."

마음을 깨끗이 해서 선을 행하라는 것이다. 지금까지 이것도, 저것도 하지 말라 하신 것은 그 마음으로 결국 정심행선하라는 뜻이다.

무상대도의 법은 평등해서 거기에 차별이라는 티나 쓰레기가 깨끗이 청산됐다는 말씀이다. 고하가 다 없어서 무상대도라 하는 것이다.

그래서 만일 사상이 없이 일체 선법을 닦으면 이것이 바로 무상대도인 것이다. 이것이 핵심이다.

수달호지선하야 당자성성이라 지극한 선에 사무쳐서 일체 선법을 행하려는 이 마음이 《금강경》의 핵이다. 이것을 처음부터 강조해 왔다. 그러니까 아무리 무상대도를 얻었다, 《금강경》을 좀 안다 할지라도 일체 선법을 닦으려는 용솟음치는 마음이 없다면, 이것은 《금강경》에서 천 리 만 리나 멀리 있는 것이다. 《금강경》 옆에도 못 간 것이다.

'인(仁)'이라고 하는 선법, '의(義)'라고 하는 선법, '예(禮)'라고 하는 선법, '지(智)'라고 하는 선법, '박애' 라고 하는 선법, '봉공' 이라고 하는 선법 등 이것이 일체 선법이다. 우리의 신분검사에서 당연등급인 신심, 서원, 공심, 겸양 등이 다 선법이다.

이러한 것을 계속 닦아 나가고, 이러한 것을 하기 위한 서원 일념이 구천에 사무치고 시방에 두루 할 만큼 가득 찬 그 마음에서 상만 여의고 나면 바로 아뇩다라삼먁삼보리이다. 그것이 바로 평등에 바탕한 것이요, 고하가 없는 것이요, 무상대도이다. 다시 선법에 묶일까 싶어서 이 선법에 묶이지 말라는 말씀을 하신다. 구하는 마음을 다 없애 버리고 육도만행, 육바라밀 수행만 치연작용하라는 말씀이다.

58강

복지무비분 福智無比分

복과 지혜를 비교할 수 없다

須菩提 若三千大千世界中 所有諸須彌山王 如是等
수보리 약삼천대천세계중 소유제수미산왕 여시등
七寶聚 有人 持用布施 若人 以此般若波羅蜜經 乃
칠보취 유인 지용보시 약인 이차반야바라밀경 내
至四句偈等 受持讀誦 爲他人說 於前福德 百分不及
지사구게등 수지독송 위타인설 어전복덕 백분불급
一 百千萬億分 乃至算數譬喻 所不能及
일 백천만억분 내지산수비유 소불능급

"수보리야, 만일 삼천대천 세계 가운데에 있는 모든 수미산왕과 같은 칠보 무더기를 어떠한 사람이 있어 가져다가 보시에 사용할지라도, 만일 어떠한 사람이 이 반야바라밀경으로써 내지 사구게 등을 수지 독송하며 다른 사람을 위하여 설해 주면 앞에 말한 복덕으로는 백분의 하나에도 미치지 못하며, 백, 천, 만, 억분과 내지 숫자의 비유로는 능히 미치지 못하리라."

복과 지혜를 비교할 수 없다는 분이다. 곧 복은 지혜에 미치지 못한다는 말씀이다.

육조께서는 "삼천대천의 수미산 같은 칠보 무더기를 보시에 쓰면 그 복이 무량무변이나 마침내 이것은 무루(다함이 있음)의 인이라 해탈할 이치가 없거니와 마하반야바라밀다의 사구(四句)는 경문이 비록 적으나 그것을 의지해서 수행하면 곧 성불하리니 경을 가지는 복이 능히 중생으로 하여금 보리를 증득케 함을 알 것이로다. 그러므로 가히 비교할 수 없느니라."고 말씀하셨다.

이는 보시를 부정하는 말씀은 아니다. 비록 보시도 그 공덕이 크다 하나 근본적으로 육도윤회를 해탈하고 성불제중케 하는《금강경》도리에 비할 바가 아니기 때문에 하시는 말씀인 것이다.

그러므로 우리가 내 손길 닿는 곳, 내 발길 닿는 곳, 내 마음

향하는 곳마다 국한 없이 복을 짓고 베풀되, 《금강경》 도리로 상 없이 복을 지으며 이 도리를 말과 행동과 마음으로 전해준다면 그것이 바로 무엇으로도 비교할 수 없는 천지의 무념행이요, 제불제성의 대자비행이요, 육도윤회를 해탈하는 대해탈행이 될 것이다.

야보께서는 "천 개의 송곳으로 땅을 파는 것이 무딘 괭이로 한 번 파는 것만 같지 못하도다."는 말씀을 하셨다.

함허 스님께서는 이에 대하여 "무명의 굳고 두꺼운 것이 마치 땅의 견고함과 같으니 점점 끊고 단번에 없애는 것이 천 개의 송곳과 한 개의 괭이 같도다. 보배를 베푸는 것은 단지 간탐만 없애기 위함이고 반야는 바로 무명을 건지는 것이니 돈(頓)과 점(漸)이 현격히 다르고 우열이 분명함이로다."라고 설명하셨다.

천 개의 송곳으로 땅을 판들 그 얼마나 효과가 있을 것인가? 땅을 파되, 무딘 괭이로 파야 그 노력한 공덕이 크게 나타날 것이다.

그렇기 때문에 우리가 먼저 이 이치를 알아서 이 공부에 정성을 다하고 《금강경》 도리를 몸소 체득하여 행하는 바가 바로 무념무상의 행이 되고, 말하는 바가 무념무상의 말이 된다.

그러므로 마음과 기운으로 전함이 다 무념무상으로 살리는 바가 되게 한다면 이는 바로 부처님의 가르침을 오롯이 이어 받아 대해탈을 이루고 성불하는 일이 될 것이다. 나아가 참으로 광대무량한 낙원세계를 건설하는 일이 될 것이다. 이것이 바로 삼세 제불제성의 본의시요, 스승님들께서 바라는 바이다.

59강

화무소화분 化無所化分

교화한 바가 없다

須菩提 於意云何 汝等勿謂如來作是念 我當度衆生
수보리 어의운하 여등물위여래작시념 아당도중생
須菩提 莫作是念 何以故 實無有衆生如來度者 若有
수보리 막작시념 하이고 실무유중생여래도자 약유
衆生如來度者 如來卽有我人衆生壽者
중생여래도자 여래즉유아인중생수자

"수보리야, 네 뜻에 어떠하냐? 너희들이 여래가 이러한 생각을 하되, '내가 마땅히 중생을 제도한다.' 하리라고 이르지 말라. 수보리야, 이러한 생각을 하지 말지니, 어찌한 연고인고? 실로 중생을 여래가 제도함이 없나니 만일 중생을 여래가 제도함이 있다 할진대 여래도 곧 아상과 인상과 중생상과 수자상이 있는 것이니라."

이 말씀은 실상 중생을 교화해서 다 제도했으나 교화를 했다 하는 흔적이 없다는 말씀이다.

만약 나에게 중생을 제도했다는 말을 할 것 같으면 그것은 나를 모독한 것이라는 말씀이다.

그래서 "춘란추국(春蘭秋菊)에 각자가 형향(馨香)이라."고 야보께서 말씀하셨다. 곧 봄에는 난초, 가을에는 국화가 시절인연 따라 각자 스스로의 향기를 내뿜고 있는 것과 같다는 말씀이다. 그러니까 당신이 중생제도를 하신 것도 다만 그때그때 따라서 그 사람 그 사람이 각각 자기 구실을 잘 할 수 있도록 하는 것이다. 부처님께서도 스스로 거기에 맞는 향기만 내뿜으신 것뿐이라는 말씀이다. 단지 그럴 뿐이지 국화가 "내가 향기를 냈다." 난초가 "내가 향기를 냈다." 또는 국화가 향기를 내게 하고 난초가 향기를 내도록 진리가 "내가 그렇게 했노라." 하고 말한 것은 아니라는 뜻이다.

須菩提 如來說 有我者 卽非有我 而凡夫之人 以爲
수보리 여래설 유아자 즉비유아 이범부지인 이위

有我 須菩提 凡夫者 如來說 卽非凡夫 是名凡夫
유아 수보리 범부자 여래설 즉비범부 시명범부

"수보리야, 여래가 아상이 있음을 말함은 곧 아상이 있음이 아니어늘 범부들은 이를 아상이 있다 하나니라. 수보리야, 범부라 함은 여래가 곧 범부가 아니라고 말할 새 이것을 범부라 이름하나니라."

여래께서 자꾸 "나가 있다, 없다." 등의 말씀을 하시니까 사람들이 부처님 마음 가운데에도 그러한 그림자가 있는 것처럼 생각할 수 있는데, 그것은 범부들이 그렇게 구별해서 생각하는 것이지 그런 것이 아니다는 말씀이다. 또한 중생과 부처가 본래 구분이 없다는 말씀이다.

야보께서 "전념중생후념불(前念衆生後念佛)이라 불여중생(佛與衆生)이 시하물(是何物)고"라 하셨다. "앞의 생각은 중생이고, 뒷생각은 부처이니 부처와 중생이 이 무슨 물건인가?"란 뜻이다. 부처와 중생은 다만 깨닫고 깨닫지 못한 데 있는 것뿐이다. 깨닫고 착을 여읜 즉 부처요, 어둡고 집착한 즉 중생인 것이다. 정해진 바가 없는 것이다. 그러므로 여래께서 범부라 이름한 것은 다만 그 이름이요, 실상은 범부가 아닌 것이다.

실제로 공부를 하면 할수록 부처와 중생의 구별이 없어짐을 알 수 있다. 중생심을 통해 부처임을 깨닫게 된다. 결국 모두가 부처이니 그대로가 부처로 보이게 되는 것이다.

60강

법신비상분 法身非相分

법신은 상이 아니다

須菩提 於意云何 可以三十二相 觀如來不 須菩提言
수보리 어의운하 가이삼십이상 관여래부 수보리언

如是如是 以三十二相 觀如來
여시여시 이삼십이상 관여래

"수보리야, 네 뜻에 어떠하냐, 가히 32상으로써 여래를 보겠느냐?" 수보리 말씀하되, "그러하고 그러하옵니다. 삼십이상으로써 여래를 보겠나이다."

법신은 형상으로 나타난 상이 아니다는 것을 말씀하신 장이다.

“32상으로 여래를 볼 수 있느냐?” 하고 물으니까. 수보리가 “여래를 볼 수 있습니다.”고 그랬다. 야보께서는 이에 “착(錯, 어긋날 착)이라.” 했다. 그런데 여기에 32상으로 여래를 본다는 것은 아는 사람이 말을 하게 되면 32상으로 여래를 본다 해도 맞고, 모르는 사람이 말을 하게 되면 32상으로 여래를 볼 수 없다 해도 틀리다.

여기에서는 수보리가 한 말이 옳다. 32상으로 여래를 볼 수 있다고 한 것은 앞서 32상으로, 32 구족 색신을 가지고는 여래를 볼 수 없다는 부정적 얘기를 계속 하여 자칫 여기에 우리가 묶일 수 있기 때문에 그런 것이다. 그리고 여기에서 32상으로 여래를 볼 수 있다고 했는데, 여기서 32상이라고 하는 것은 32수행상으로 여래를 볼 수 있다는 뜻이다. 수보리가 몰라서 그러는 것이 아니다.

佛言 須菩提 若以三十二相 觀如來者 轉輪聖王 卽
불언 수보리 약이삼십이상 관여래자 전륜성왕 즉
是如來 須菩提白佛言 世尊 如我解佛所說義 不應
시여래 수보리백불언 세존 여아해불소설의 불응
以三十二相 觀如來
이삼십이상 관여래

부처님께서 말씀하시되, “수보리야, 만일 32상으로써 여래를 볼진대 전륜성왕도 곧 이 여래로다." 수보리 부처님께 사뢰어 말씀하시되, "세존이시여 제가 부처님이 말씀하신 뜻을 아는 바와 같아서는 마땅히 32상으로써 여래를 볼 수가 없나이다."

옛날에 전륜성왕이 꼭 부처님 같았다고 한다. 부처님같이 색도, 모양도, 골격도, 관상도 닮았다고 한다. 그래서 그 사람도 부처라고 하겠구나 하시는 것이다.

이에 다시 수보리가 "아닙니다. 32상으로는 여래를 볼 수 없습니다."고 한다. 앞에서는 32상으로 여래를 본다 해 놓고, 뒤에는 32상으로 여래를 볼 수 없다고 하는데, 이것이 무슨 말씀인가? 다 맞는 말씀이다. 앞의 말씀을 뒷받침한 말씀이다. 똑같은 말씀이다. 32상의 의미가 다를 뿐이다.

爾時世尊 而說偈言 若以色見我 以音聲求我 是人行
이시세존 이설게언 약이색견아 이음성구아 시인행
邪道 不能見如來
사도 불능견여래

이 때에 세존께서 게송으로 설하여 말씀하시되, "만일 색으로써 나를 보거나, 음성으로 여래를 구한다면 이 사람은 사도를 행하는 이라, 여래를 능히 보지 못하리라."

야보께서 그러셨다. "설사 성색(聲色)으로 구하지 않더라도 이는 또한 여래를 보지 못함이니, 어찌해야 볼 수 있겠는가? 모르겠다. 모르겠다." 성색을 떠나서 구해도 보지 못하고, 성색으로 구해도 보지 못한다는 말씀이다.

예를 들어, 성색을 통해서 여래의 심법이 나오는 것인데, 그것으로는 볼 수 없다고 못박는 것도 여래를 못 보는 것이다. 그러니 어떻게 해야 얻어 볼 것인가? 살피고, 찾지 말아야 여래를 본다는그 말씀이다.

61강

무단무멸분 無斷無滅分

끊을 것도 멸할 것도 없나니라

須菩提 汝若作是念 如來不以具足相故 得阿耨多羅
수보리 여약작시념 여래불이구족상고 득아뇩다라
三藐三菩提 須菩提 莫作是念 如來不以具足相故 得
삼먁삼보리 수보리 막작시념 여래불이구족상고 득
阿耨多羅三藐三菩提
아뇩다라삼먁삼보리

"수보리야, 네가 만일 이러한 생각을 하되, '여래가 구족상을 취하지 아니한 고로 아뇩다라삼먁삼보리를 얻었다.' 고 하느냐? 수보리야, '여래가 구족상을 취하지 아니하는 고로 아뇩다라삼먁삼보리를 얻었다.' 고 생각하지 마라."

끊을 것도 없고 멸할 것도 없다는 것을 말씀하신 장이다. 다시 챙겨 주시는 말씀이다. 지금까지 다 끊어버리고 없애버려야 한다고 하셔 놓고, 결국에는 끊을 것도 없고 멸할 것도 없어야 된다는 것을 일러 주신 것이다.

이것은 앞에 제26장에서 하신 말씀 하고는 전혀 다른 말씀이면서도 동시에 같은 말씀이다. 제26장에서 32구족상으로는 여래를 볼 수 없다고 하셨는데, 여기서는 "여래가 구족상을 취하지 아니하는 고로 아뇩다라삼먁삼보리를 얻었다고 생각하지 마라." 곧, 32구족상을 떠나서 여래가 따로 있는 것이 아니라고 하신다.

32구족상으로 여래를 볼 수는 없는 것이지만 그렇다고 32구족상을 떠나서 여래가 있는 것이 아니라는 말씀이다.

이것이 묘한 말씀인 것이다. 우리는 부처님께서 부처님만이 갖춘 32상을 통해서도 여래를 보지 못한다고 하시니, 이번에는 구족한 상을 쓰지 않아야 여래를 볼 것이라 생각하고 거기에 집착하기 쉽다. 그러한 집착상을 다시 깨우쳐 주시는 말씀인 것이다. 또한 실상을 살펴봐도 여래가 갖추신 구족한 상호(相好)와 진실한 여래가 전혀 관계없는 것이 아니다.

須菩提 汝若作是念 發阿耨多羅三藐三菩提心者 說
수보리 여약작시념 발아뇩다라삼먁삼보리심자 설

諸法斷滅相 莫作是念 何以故 發阿耨多羅三藐三菩
제법단멸상 막작시념 하이고 발아뇩다라삼먁삼보

提心者 於法 不說斷滅相
리심자 어법 불설단멸상

"수보리야, 네가 만일 이러한 생각을 하되, '아뇩다라삼먁삼보리심을 발한 이는 모든 법이 단멸한 것이라.' 고 말하는가? 이러한 생각을 하지 말지니 어찌한 연고인고? 아뇩다라삼먁삼보리심을 발한 이는 법에 있어 단멸상을 말하지 아니하나니라."

지금까지 단멸(단절과 소멸)을 계속 말씀하시고서 여기서는 다시 "단멸상을 말하지 아니하나니라." 하신다. 이것은 다름 아니라 단멸상에 빠지지 않는다는 것이다. 단멸상에 빠져서 불종자까지 단멸하지 않는다는 것이다. 우리는 자칫 단멸을 추구하다 보면 허무한 자리에 떨어지기 쉬운데 그런 것이 아니라는 것이다. 깊이 음미해볼 말씀이다.

끝으로 육조 대사께서 하신 말씀으로 이 장을 마무리하고자 한다. "수보리가 진신(眞身)은 상(相)을 떠난 것이라는 말씀을 듣고 문득 32청정행을 닦지 않고 부처가 보리를 얻었다고 하므로, 부처님께서 수보리에게 말씀하시되, '여래가 32청정행을 닦지 않고 보리를 얻었다고 말하지 마라. 네가 만약 32청정행을 닦지 않고 아뇩다라삼먁삼보리를 얻었다고 말하면 이는 곧 부처 종자를 단멸하는 것이라 옳지 않으니라.' 하시니라."

62강

불수불탐분 不受不貪分

받지도 않고 탐하지도 않는다

須菩提 若菩薩 以滿恒河沙等世界七寶 持用布施 若
수보리 약보살 이만항하사등세계칠보 지용보시 약
復有人 知一切法無我 得成於忍 此菩薩 勝前菩薩所
부유인 지일체법무아 득성어인 차보살 승전보살소
得功德
득공덕

"수보리야, 만일 보살이 항하사 같은 세계에 가득 찬 칠보를 가져 보시에 사용할지라도, 만일 다시 어떠한 사람이 있어 일체 법에 아(我)가 없음을 알아서 인(忍)을 성취함을 얻으면 이 보살이 앞에 말한 보살의 얻은 바 공덕보다 승하나니라."

받아 수용하지도 않고 탐내지도 않는다는 것을 말씀하신 장이다. 앞서 모든 것을 다 단멸(단절과 소멸)해야 된다는 말씀을 하시면서 다시 역으로 "단멸을 말하지 아니했다."는 말씀을 하셨는데, 그런 단멸상의 극치가 바로 나〔我〕가 없는 무아(無我)의 법이다.

그래서 나가 없는 법을 알아서 하는 행동은 항하사와 같은 칠보로 보시하는 공덕보다도 더하다는 것을 말씀하신 것이다.

이 장에서 득성어인(得成於忍)이라고 하는 새로운 말씀이 나왔다. 무아(無我)란 대아무아(大我無我), 일심무아(一心無我), 입정무아(入定無我)인데, 결국 그렇게 나〔我〕가 없음으로 인해서 인을 이룬다는 것이다. 인을 '이룬다' 는 것은 그 무아의 법을 실현하는 것이 저절로 되는 것이 아니라는 뜻이다.

온갖 순역경계의 고난과 풍파가 쏟아져 나와 가로막는 것이다. 그러니까 그런 것들을 하나하나 다 참아 넘겨야 인(忍)을 이루고, 인(仁)이 된다는 것이다.

예를 들어, 나라를 위하는 사람이 그 나라를 위하려는 애국운동을 할 때에 부딪치는 순경, 역경이라고 하는 것은 이루 말할 수 없이 많은 것이다.

무아(無我)라 하여 아무것도 없는 것으로만 단순하게, 쉽게 생각할 수가 있는데, 무아를 실현하는 것이 절대로 그렇게 단순하고 쉬운 것이 아니다. 이루 다 말할 수 없는 온갖 풍파와 회오리바람과 고초를 극복하고 나서야 비로소 무아를 알고 인(忍)을 성취하는 것이다.

이순신 장군이 바로 그러한 분이다. 모략을 당하게 되면 당하고, 감옥에 갇히게 되면 갇히고, 또 나라를 위해 싸워야 하면 목숨을 내놓고, 무아의 도를 요달하고 인을 성취하면 그와 같이 '바보' 가 되는 것이다.

'시지불견(視之不見)' 하고 '청지불문(聽之不聞)' 하게 된다. 이 경지에까지 도달해야 무아법을 요달한 것이다. 그래서 야보께서 "이청여농(耳聽如聾)이요 구설여아(口說如啞)로다."라고 하셨다. "귀로 들어도 귀머거리 같고, 입으로 말하여도 벙어리 같도다."는 뜻이다.

여기다 하나 더 넣어서 눈으로 보는 것은 또 장님 같다고 할 수도 있다. 보고, 듣고, 말하는 그 경계가 들어서 그 사람 마음을 좌우하지를 못하고 영향을 주지 못하는 경지이다. 색성향미촉법이 흔들지 못하는 것이다. 그래서 대종사님께서 천하농판이라는 법문을 하셨다. "집에 들면 노복(老僕) 같고, 들에 나면 농부 같고, 산에 나면 목동 같고, 길에 나면 고로(古

老) 같이, 그렁저렁 공부하여 천하농판 되어 보소. 천하농판 되는 사람 뜻 있게 하고 보면 천하제일 아닐런가, 천하제일 아닐런가?"

63강

불수불탐분 不受不貪分

보살은 복덕을 받지 않는다

何以故 須菩提 以諸菩薩 不受福德故 須菩提白佛言
하이고 수보리 이제보살 불수복덕고 수보리백불언

世尊 云何菩薩 不受福德 須菩提 菩薩 所作福德 不
세존 운하보살 불수복덕 수보리 보살 소작복덕 불

應貪着 是故 說不受福德
응탐착 시고 설불수복덕

"어찌한 연고인고? 수보리야, 모든 보살이 복덕을 받지 아니하는 연고니라." 수보리 부처님께 사뢰어 말씀하되, "세존이시여, 어찌하여 보살이 복덕을 받지 아니한다 하시나이까?" "수보리야, 보살의 지은 바 복덕은 마땅히 거기에 탐착하지 않을새 이런 고로 복덕을 받지 않는다고 설하나니라."

모든 보살이 복덕에 탐착심이 없기 때문이다. 대단히 중요한 말씀이다. 만약에 애국자로서 나라를 위해서 일을 하여 공로를 세우고 나서 그 공로를 향유하려고 하는 생각이 있었다면, 이순신 장군과 같은 그런 취사가 나올 수 없는 것이다. 그러한 큰 일을 하고서 대개는 마음에 흔적이 없을 수가 없다.

하지만 보살은 무아(無我)의 이치를 알기 때문에 대통령이 되었든지, 아니면 어떤 높은 자리에 올라갔든지 그 자리를 이용해서 오직 국가와 사회를 위해서 일할 뿐이지, 그 자리를 이용해서 자기가 어떤 향락을 취하려고 한다든지, 어떤 복덕을 향유하려고 한다든지 하는 마음이 없다.

만약에 《금강경》 도리를 알지 못하고 삼천대천 세계에 가득찬 칠보로 보시를 한다면 자기가 한 그 복덕, 그 결과에 대한 탐착심이 없을 수가 없다. 알아 주기를 바라고, 비석이라도 하나 세워 주기를 바라고, 칭찬이라도 하나 해 주기를 바란다. 반대로 이 무아의 법, 이 《금강경》 도리에 입각해서 모든 보시를 하고 나면 그런 걸 바라지 않는다. 이것이 바로 선악과(善惡果)를 안 따 먹는 것이다. 과(果)를 안 따 먹고 결과를 다시 심어버리는 것이다. 악과를 따 먹는다는 것은 악한 경계가 왔을 때 다시 복수를 하는 것이다. 마음 가운데서 이상한 마음이 생겨서, 오기나 고약한 마음이 생겨서 그렇게 하는 것이다.

또는 좋은 일, 선을 했을 때 그것을 따 먹지 말아야 되는데, 따 먹어버리면 이것도 원죄가 된다. 어떤 분이 자기 나라를 위해 독립 운동을 했다. 독립 운동을 한 것까지는 좋다. 그런데 대통령 자리에 올라가고 그 대통령이라는 자리를 향유한다든지 하면 이것이 바로 원죄가 되어 한없는 고해로 빠진다. 만약 부득이 그 자리에 오르더라도 욕심을 내지 말고 거기에서 민주주의를 실현하는 제물이 된다든지, 국가 사회를 위해서 자기 역할만 하고 딱 물러나면 이 사람 복덕이야말로 한없게 되는 것이다. 아마 역사가 있는 한 조상으로 받들어질 것이다.

그런데 정치인들 가운데는 한때 선악과를 따 먹어서 그로 인해 곤욕을 치르는 사람이 한둘이 아니다. 불수복덕(不受福德)을 못 했기 때문에, 탐착을 했기 때문에 결국 그렇게 된다. 그게 원죄다. 그때 한 번 그 죄를 범한 것을 자꾸 범한다. 선과든지 악과든지 한 번 따 먹기 시작하면 그것이 비롯되어 계속 엎치락뒤치락하며 다시 짓기 때문에 원죄라 한다.

반대로 무아의 이치를 알아 불수복덕하면 그 공로는 한량없이 드러나게 되는 것이다.

64강

위의적정분 威儀寂靜分

행주좌와가 고요하다

須菩提 若有人言 如來若來若去 若坐若臥 是人 不
수보리 약유인언 여래약래약거 약좌약와 시인 불

解我所說義 何以故 如來者 無所從來 亦無所去 故
해아소설의 하이고 여래자 무소종래 역무소거 고

名如來
명여래

"수보리야, 어떤 사람이 있어 말하기를, '여래가 혹 오고 가고 안고 눕는다.' 하면 이 사람은 내가 말한 뜻을 이해하지 못한 것이다. 왜냐하면 여래라는 것은 오되 온 바가 없고, 가되 간 바가 없는 고로 이를 일러 여래라 하기 때문이니라.”

행주좌와(行住坐臥)를 일러서 ‘사위의(四威儀)’라 한다. 곧 이는 수행자의 네 가지 몸가짐을 의미한다. 여래는 이것을 항상 공적하고, 청청한 마음에 바탕을 두고 한다는 뜻이다. 그래서 가도 가는 것이 없고, 와도 오는 것이 없다. 행동상에서 보면 내가 어디를 가도 간다 하는 것이 없고, 와도 온다 하는 것이 없다는 뜻이다. 행동에 탐착하지 않고 그냥 거기에 고요히 일심할 뿐이지 무슨 사량계교 같은 것이 있지 않다는 것이다.

다시 말하면, 무엇을 요란스럽게 하지 않는다는 뜻이다. 어떤 사람은 눈꼽만한 것을 말하면서도 주위를 시끄럽게 하지만 참으로 큰 일을 하는 사람은 오고 가되 무엇을 하는지도 모르게 소리 없이 하고, 있는 듯 없는 듯 조용한 가운데 큰 결과를 나타낸다.

그런데 이와 같은 행동상의 의미도 중요하지만 여거여래(如去如來)는 우리 ‘마음’의 측면에서 더 중요하다. 명예가 가도 마음 가운데 간 것이 없고, 명예가 와도 왔다는 것이 없고, 재물이 가도 간 것이 없고, 재물이 와도 온 것이 없는 것, 이것이 여래의 심법이요, 핵심이다. 하지만 마음에 거래가 있는 사람은 명예가 오면 배가 이만큼 나오고, 명예가 가면 스스로 초라해지고 추해진다. 그래서 고관대작들이 벼슬이 떨어지면 거지같이 추해진다는 것이 그 말씀이다. 반면에 순 임금께서는 질그릇 굽는 천직(당시에는 그런 일을 하는 사람은 상대도 안 할 정도로 천하게 보았다고 한다.)에 계셨을 때도 '천직이다' 는 것이 그 마음에 없으셨고, 순 임금이라고 하는 천자위에 올랐어도 그때 마음이 변함이 없으셨다. 명예, 재물, 권세가 오고 가는 것, 또는 역경, 순경에서 그 마음이 늘 잔잔하셨던 것이다. 이와 같은 심법을 쓰는 분이 여래라는 말씀이다.

그러므로 여래의 마음에 거래가 있다고 아는 사람은 여래를 모르는 사람이다. "그렇다면 가는 줄도 모르고 오는 줄도 모르게 하는 것은 어떻게 하는 것인가?" 하고 물을 수 있다. 야보(冶父)께서는 "산문(山門) 절문 앞에서 합장하고 불전(佛殿)에 들어가 향(香)을 사르도다."라고 하셨다. 곧 스님이 오고가면서 경우에 따라 합장도 하고 불전에서는 향을 사를 때는 향도 사르고 이렇게 때에 따라 역력히 행동을 한다는 말씀이다.

그러므로 여래는 다른 어떤 특별한 분이 아니다. 누가 알아주거나 알아 주지 않거나 어떤 경계, 환경에 처하든지 그 속에서 묵묵히 한결같은 마음으로 정성을 다하는 사람이다. 삼세 제불제성이 그러하셨고, 대종사님, 정산 종사님, 대산 종사님이 그러신 분이다. 대종사님께서 정전의 마지막에 여래위를 두신 것도 우리 모두가 정전을 통해서 그러한 여래가 될 수 있고, 또 되어야 한다는 뜻이다.

65강

일합이상분 一合理相分

한 덩어리의 이치

須菩提 若善男子善女人 以三千大千世界 碎爲微塵
수보리 약선남자선여인 이삼천대천세계 쇄위미진
於意云何 是微塵衆寧爲多不 甚多
어의운하 시미진중영위다부 심다

"수보리야, 만일 선남자, 선여인이 삼천대천 세계를 부수어 미진(티끌)을 만든다면 네 뜻에 어떠하냐, 이 티끌들〔微塵衆〕이 정녕코 많다 하겠느냐?" "심히 많나이다."

하나의 진리, 하나로 합한 그 이치의 모습을 밝힌 장이다. 그 동안 복덕성, 무아 등을 통해서 여러 가지 여러 각도에서

《금강경》의 이치를 말씀하셨고, 앞장에서는 행, 주, 좌, 와, 어, 묵, 동, 정간에 무상대도를 실행해 가는 길을 깨우쳐 주셨다.

이 장은 그처럼 들어오는 문은 각각 다르다고 할지라도 결국은 하나로 합해지는 원리를 밝혀 주신 장이다.

여기서 삼천대천 세계란 탐, 진, 치 삼독에서 나오는 세계를 비유한 것이다. 중생의 성품 가운데서 망념이 일어나는데, 그것이 탐심 세계로 천 개, 진심 세계로 천 개, 치심 세계로 천 개이고, 그것에서 다시 끝없이 일어나서 삼천대천 세계라 한 것이다. 그런데 그 세계를 또 깨서 티끌을 만들면 그 숫자가 얼마나 많겠냐는 물음이다. 탐, 진, 치에서 나오는 중생심의 세계가 그와 같이 많다는 뜻이다.

世尊 何以故 若是微塵衆 實有者 佛卽不說是微塵衆
세존 하이고 약시미진중 실유자 불즉불설시미진중
所以者何 佛說微塵衆 卽非微塵衆 是名微塵衆
소이자하 불설미진중 즉비미진중 시명미진중

"세존이시여, 어찌한 연고인가 하오면 만일 이 미진들이 실지로 있는 것이라면 부처님께서 곧 이 미진들이라고 말씀하시지 않으셨을 것이니, 왜냐하면 부처님께서 말씀하신 미진들이 곧 미진들이 아닐새 이것을 미진들이라 이름하나이다.”

‘미진’이라고 하는 것이 그 실상이 있다면 아무리 많아도 그것은 한계가 있고 끝나는 날이 있다. 하지만 여기서 미진은 가지가지로 일어나는 중생의 마음 세계이기에 끝이 없다는 뜻이다.

하루 동안의 번뇌도 끝이 없는데, 여기에 세월이 더해 가면 번뇌무진이다. 번뇌가 다함이 없다. 그래서 부처님께서 이것들이 실상이 있는 것이라면 미진들이라고 말씀하지 않았을 것이지만, 실상이 없기 때문에 끝도 가도 없으니까 미진들이라고 이렇게 말씀하신 것이다.

그러나 부처님께서 ‘미진들’이라고 하셨어도 부처님께서는 미진들에 걸려서 하신 말씀이 아니다. 부처님께서는 무상대도를 깨달으시고 그 지혜가 항상 비추고 있어서 모든 생각 생각이 어디에 주착하지를 않고 오직 청정한 자리에 머물러 계신다. 그래서 청정한 세계(청정미진)가 한량없이 많으신 것이다.

깨닫지 못했을 때에는 중생심이라는 미진이 그렇게 많듯이, 깨달은 청정한 마음에서 나오는 보리심, 긍정적인 마음 또한 한없이 나오는 것이다.

이렇게 우리의 성품이 본래는 일합이고 하나이지마는 거기에서 파생되는 마음들은 삼천대천 세계하고도 오히려 비교할 수 없을 만큼 그렇게 많다는 뜻이고, 깨닫고 보면 그것들이 모두 일합상(一合相)이라는 뜻이다.

66강

일합이상분 一合理相分

일합상, 하나의 자리

世尊 如來所說三千大千世界 卽非世界 是名世界 何
세존 여래소설삼천대천세계 즉비세계 시명세계 하
以故 若世界實有者 卽是一合相 如來說一合相 卽
이고 약세계실유자 즉시일합상 여래설일합상 즉
非一合相 是名一合相 須菩提 一合相者 卽是不可說
비일합상 시명일합상 수보리 일합상자 즉시불가설
但凡夫之人貪着其事
단범부지인탐착기사

"세존이시여, 여래의 말씀하신 삼천대천 세계도 곧 세계가 아닐새 이것을 세계라 이름하나니, 어찌한 연고인가 하오면 만일 세계가 실로 있다 할진대 곧 이것이 일합상(한 덩어리의 모습)이나 여래의 말씀하신 일합상도 곧 이 일합상이 아닐새 이것을 일합상이라고 이름 하나이다." "수보리야, 일합상이란 것은 곧 가히 설할 수 없는 것이어늘 다만 범부들이 그 일에 탐착하나니라."

앞서 삼천대천 세계를 갈아 만든 한량없는 미진들이 곧 중생의 마음 가운데 탐, 진, 치에서 일어나는 가지가지 번뇌와 같다고 말하였다. 그리고 그것들은 실상이 없는 것으로 깨닫고 보면 모두가 한 성품에서 비롯된 것, 곧 일합상임을 알게 된다고 하였다. 또한 깨달은 사람의 안목에서는 모두가 청정미진이 된다고 말하였다. 삼천대천 세계라는 것이 한량없는 것이지만 미진이 되어서 금방 사라지고 나타나고 그런 것이다.

그런데 이렇게 삼천대천 세계가 파생한 것이 또한 한량없이 되지 마는 그 속에 실지로 있는 것 그 하나는 역시 일합상이다. 모든 것을 거두어 움켜잡고 하나로 합해 있는 것이다. 그 자리에서 들어갔다 나왔다 하고 또 들어갔다 나왔다 하는 것이다. 그러면서 천만 세계를 다 거둬 잡고 있는 그 세계! 이것이 일합상이다. 그 일합상 이해를 잘 해야 한다. 하지만 다시 일합상도 일합상이 아닐새 곧 일합상이라고 한다. 우리가 "부처님의 말씀의 결론은 일합상, 하나의 자리구나." 하면서 또 일합상에 붙잡힐까 봐 해 주시는 말씀이다. 이름의 일합상이 아닌 실제 혼연일체로 합산이 되어 있는 그 상태가 일합상이라고 말씀하신 것이다. 그래서 그 자리는 즉시불가설(卽是不可說)이라 하신다. 가히 말로 설할 수 없는 것이라 하신다. 일합상을 관념으로 규정해 버리면 일합상에서 떠나게 된다는 말씀이다.

육조께서는 이 장에 대하여 다음과 같이 말씀하셨다. "삼천이란 이치로써 말하건대 곧 탐, 진, 치 망념이 각각 일천의 숫자를 갖춘 것이니라. 마음이 선악의 근본이 되어 능히 범부도 되고 성인도 되어서 동과 정을 헤아릴 수 없어서 광대하고 무변하므로 대천세계라 이름하느니라. 심중에 명료한 것은 자비와 지혜, 두 법보다 더한 것이 없으니 이 두 법으로 말미암아 보리를 얻느니라."

"일합상이라 말함은 마음에 얻은 바가 있는 고로 일합상이 아니요, 마음에 얻은 바가 없음일새 이를 일합상이라 하나니, 일합상이란 거짓 이름을 무너뜨리지 않고 실상을 말하는 것이니라. 자비와 지혜 두 법을 말미암아 불과인 보리를 성취함이라. 설해도 다 설할 수 없으며 그 묘함은 말할 수 없거늘 범부들이 문자사업에 탐착하여 자비와 지혜 두 법을 행하지 않고 무상보리를 구하니 무슨 이유로 얻을 수 있으리요."

67강

지견불생분 知見不生分

지견을 내지 말라

須菩提 若人言 佛說我見人見衆生見壽者見 須菩提
수보리 약인언 불설아견인견중생견수자견 수보리

於意云何 是人 解我所說義不 不也世尊 是人 不解
어의운하 시인 해아소설의부 불야세존 시인 불해

如來所說義 何以故 世尊說我見人見衆生見壽者見
여래소설의 하이고 세존설아견인견중생견수자견

卽非我見人見衆生見壽者見 是名我見人見衆生見壽
즉비아견인견중생견수자견 시명아견인견중생견수

者見
자견

"수보리야, 만일 어떠한 사람이 말하기를 '부처님께서 아견(我見), 인견(人見), 중생견(衆生見), 수자견(壽者見)을 말하였다' 하면 수보리야, 네 뜻에 어떠하냐? 이 사람이 나의 말한 뜻을 안다고 하겠느냐?" "아니옵니다. 세존이시여. 이 사람이 여래께서 말씀하신 뜻을 알지 못한 것이니 왜냐하면 세존께서 말씀하신 아견, 인견, 중생견, 수자견은 곧 아견, 인견, 중생견, 수자견이 아닐새 이것을 아견, 인견, 중생견, 수자견이라 이름하나이다."

지견이 생겨서 아견, 인견, 중생견, 수자견에 사로잡힐까 두려워하여 하시는 말씀이다. 그 본래자리를 터득하게 되면 오히려 지견이 생하지 않는다는 것을 가르쳐 주시는 장이다.

부처님께서는 참 묘한 분이시다. 지금까지 아견, 인견, 중생견, 수자견을 다 말씀하시고서, "부처님이 아견, 인견, 중생견, 수자견을 말씀하셨다."고 아는 사람이 당신 뜻을 제대로 잘 안 것이냐고 물으신다. 보통 사람 같으면 분명히 말씀하셨기 때문에 "예 그렇습니다."고 할 것이지만 수보리는 부처님의 뜻을 알고 "아닙니다. 부처님께서 아견, 인견, 중생견, 수자견을 말했다고 하면 그 사람은 부처님을 참으로 알지 못하는 사람입니다."고 한 것이다.

그러므로 부처님께서 4견(四見)을 말씀하신 것은 곧 아견,

인견, 중생견, 수자견에 사로잡혀서 하신 것이 아니다. 일체 중생으로 하여금 자기 스스로가 반야지를 깨달아서 자수자각하고 보리과를 증득케 하기 위해서 그러한 말씀을 하신 것이지, 부처님 마음 가운데 어떤 상이 있어서 그렇게 말씀하신 것은 아니란 뜻이다.

부처님께서 비록 아견, 인견, 중생견, 수자견을 말씀하셨을지라도 그것은 우리가 사상에 잡혀서 말하는 것과는 완전히 다른 것이다. 그러한 까닭에 육조께서는 다음과 같이 말씀하셨다. "여래가 이 경을 설하사 일체 중생으로 하여금 반야의 지혜를 스스로 깨달아서 스스로 보리과를 증득케 하시거늘, 범부들이 부처님의 뜻을 알지 못하고 곧 여래께서 아인등(我人等)의 견(見)을 설했다고 하니, 여래의 심히 깊은 무상(無相), 무위(無爲)의 반야바라밀법을 설하심을 알지 못함이로다."

"여래가 설하신 아상 등의 견은 범부의 아상 등의 견과 같지 않음이니 여래가 설하신 일체 중생은 다 불성이 있다는 것으로, 이것은 참다운 '아견' 이요, 일체 중생의 무루(無漏)한 지성(智性)은 본래 스스로 구족했다고 설하신 것이 '인견' 이요, 일체 중생은 본래 번뇌가 없다고 설하신 것이 '중생견' 이요, 일체 중생의 성품이 본래 스스로 불생불멸하다고 설하심이 '수자견' 이라."

우리는 이 법문을 통하여 사상의 관념에 붙잡힐 것이 아니라 부처님께서 말씀하신 참다운 아견, 인견, 중생견, 수자견의 뜻을 잘 알아야 할 것이다.

68강

지견불생분 知見不生分

법상도 내지 말라

須菩提 發阿耨多羅三藐三菩提心者 於一切法 應如
수보리 발아뇩다라삼먁삼보리심자 어일체법 응여
是知 如是見 如是信解 不生法相
시지 여시견 여시신해 불생법상

"수보리야, 아뇩다라삼먁삼보리심을 발한 이는 일체 법에 마땅히 이와 같이 알며, 이와 같이 보며, 이와 같이 믿어, 알아서 법상을 내지 말지니라."

앞서 부처님께서 말씀하신 4견은 일체 중생이 다 불성이 있다고 보고 생각하는 것이 '진아견' 이고, 일체 중생이 다 샘이 없는 지혜로운 성품(무루지성)을 본래 다 갖추어 있다고 보는 것이 '인견' 이라고 했다. 일체 중생이 잠시 탐, 진, 치에 사로잡혀서 그런 것이지 본래 근본자리는 번뇌가 없는 것이라 생각하고 멸시하는 마음이 나오지 않는 것이 '중생견' 이라고 했다. 그리고 일체 중생성이 본래 불생불멸하다. 곧, 일체 중생의 근본 성품이 불생불멸한 자리라고 보는 것은 '수자견' 이라고 했다. 이 바른 4견을 부처님께서 말씀하신 것이라고 하였다.

다음으로 법상에 대하여 말씀하신다. 아뇩다라삼먁삼보리(무상대도)에 발심을 한 사람은 일체 모든 법, 일체 사물을 대할 때에 그 응용에 있어서 앞서 부처님께서 말씀하신 바와 같이 사상에 사로잡히지 말고 그렇게 알고 보라는 것이다.

그래서 궁극적으로 부처님과 같이 바른 아견, 인견, 중생견, 수자견을 가지라는 말씀이다. 꼭 부처님과 같이 믿고 이해를 해서 법상까지도 내지 말라는 뜻이다. 여기에서 '법상' 이라고 하는 것은 '내가 사상이 떨어졌구나.' 하는 상이 법상이다.

須菩提 所言法相者 如來說卽非法相 是名法相
수보리 소언법상자 여래설즉비법상 시명법상

"수보리야, 말한 바 법상이란 것은 여래가 곧 법상이 아니라고 말할새 이것을 법상이라고 이름하나니라."

그런데 다만 일체 방편으로 중생을 제도하기 위해서 법상이라고 말씀도 하시고 또 여러 가지 아견, 인견, 중생견 등을 말씀하셨을 뿐이다. 그랬을 뿐이다. 그래서 부처님은 그 법상이라고 하는 것, 사상이라고 하는 것을 다 끊으셨으나 끊었다 하는 것이 없는 그 상태이시다. 그러니까 이것을 해 놓고도 했다는 것도 없고, 안 했다는 것도 없는 것이다. 그러면 이것이 무엇인가?

야보께서는 이런 말씀을 하셨다. "밥이 오면 입을 벌리고, 잠이 오면 눈을 감도다.(飯來開口 睡來合眼)" 밥이 들어오면 입이 저절로 열려지고, 눈에 잠이 들어오면 저절로 감기는 것이다. 이것이 평범한 얘기지마는 여기에 도가 있는 것이다. 아무것도 없지마는 상황에 따라서 그에 맞는 심법과 행이 탁탁 나온다는 뜻이다. 저절로 사상에 대한 생각도 없고, 내가 사상이 없다는 생각, 곧 법상도 없이 그 상황이 밥이 올 때가 되면 입이 열리고, 졸음이 올 때면 눈이 감기는 것처럼 그때그때 따라서 법도에 어그러짐이 없이 된다는 것이다.

이것이 바로 정전 법위등급에서 "동하여도 분별에 착이 없고, 정하여도 분별이 절도에 맞는 사람", 곧 여래의 모습이다. 그러므로 우리는 부처님과 대종사님의 본의를 깊이 생각하여 헛된 사견에 사로잡히지 말고 우리 스스로가 그러한 여래의 심법을 갖추기에 노력해야 할 것이다.

69강

응화비진분 應化非眞分

응화신은 진신이 아니다

須菩提 若有人 以滿無量阿僧祇世界七寶 持用布施
수보리 약유인 이만무량아승기세계칠보 지용보시
若有善男子善女人 發菩薩心者 持於此經 乃至四句
약유선남자선여인 발보살심자 지어차경 내지사구
偈等 受持讀誦 爲人演說 其福勝彼 云何爲人演說
게등 수지독송 위인연설 기복승피 운하위인연설

"수보리야, 만일 어떤 사람이 한량이 없는 아승지(큰 세계) 세계에 가득 찬 칠보(일곱 가지 보배)를 가지고 보시할지라도 선남, 선녀가 보리심을 발하여 이 경의 사구게를 수지독송하며 다른 사람을 위해 법설을 해 주면 그 복이 저 칠보 보시보다 더하리라." "다른 사람을 위해 어떻게 법설하오리까?"

응화한 것, 밖으로 나타난 화신은 참 실상, 참 나가 아니라는 말씀이다. 비록 칠보는 없다고 할지라도 이 경전을 수지독송(受持讀誦)하는 사람의 복이 그 칠보로 보시하는 것에는 비교가 안 될 만큼 크다는 말씀이다.

더욱이 이 경전을 가지고 수지독송할 뿐만 아니라 다른 사람을 위해서 끊임없이 그 법설도 하고 베풀어 주기도 하게 되면, 이 사람의 공덕이 칠보 보시보다 한없이 많다는 것이다. 그래서 묻는 것이다. "다른 사람을 위해서 법설해야 합니까?"

不取於相 如如不動
불취어상 여여부동

"상을 취하지 말고 여여하여 동하지 말지니라."

그런데 "어떻게 법설해야 합니까?" 하고 물으니, "상(相)을 취하지 말고 여여하여 동하지 말지니라." 하신다. 이것이 중요한 것이다. 무슨 방법으로, 어떤 말을 하는 것이 큰 문제가 아니다. 마음 가운데 상에 집착하지 말고, 상을 좋아하지 말고, 상을 내지 말고, 그래서 상을 다 떠난 그런 그 세계를 여여히 간직해서 동하지 않게 하는 것이 중요하다는 말씀이다.

다시 말하면, 그 자리를 불염(不染, 물들지 않게 함), 불매(不昧, 어둡지 않게 함), 불괴(不壞, 무너지지 않게 함)하게 하라는 뜻이다. 우리는 경계를 따라 물들고 어두워지고 흔들려서 파괴가 되어버리곤 한다. 상을 취하지 말고 여여하여 동하지 말라는 것이란 바로 불염, 불매, 불괴의 금강과 같은 우리의 본성자리를 지키라는 뜻이다. 그 자리에서 위인연설(爲人演說)하라는 뜻이다. 상에 집착하지 아니하고 항상 여여부동한 그 자리를 가지고 베풀어 쓰고, 그 자리에서 말을 하고, 그 자리를 가지고 행동을 하고, 그 자리를 가지고 중생을 제도하고, 보리심을 발하라는 뜻이다. 이것이 다른 사람을 위해서 법설을 하는 것이고 참으로 화신불을 나투는 것이다.

이에 육조께서는 이렇게 말씀하신다. "칠보의 복이 비록 많으나 어떤 사람이 보살심을 발하여 이 경의 사구게 등을 수지하고 사람들을 위하여 연설하는 것만 같지 못하니, 그 복이 저것보다 백천만 배나 수승함이라. 가히 비유할 수 없음이니 설법의 선교 방편으로 근기를 관하고 양(量)에 응하여 가지가지로 마땅함을 따르는 것을 이름하여 사람을 위해 연설하는 것이라 함이요. 법을 듣는 사람의 갖가지 모습은 같지 않으나 분별심을 짓지 말 것이니, 다만 공적(空寂)하고 일여(一如)한 마음을 요달하여서 소득심(所得心)이 없으며 승부심(勝負心)이 없고, 희망심(希望心)이 없으면 이를 여여부동이라 함이니라."

70강

응화비진분 應化非眞分

관조로써 깨쳐 얻으라

何以故 一切有爲法 如夢幻泡影 如露亦如電 應作如
하이고 일체유위법 여몽환포영 여로역여전 응작여
是觀
시관

"왜냐하면 모든 함이 있는 법은 꿈과 같고, 환과 같고, 거품과 같고, 그림자와 같으며, 이슬과 같고, 또한 번개와 같나니, 마땅히 이와 같이 관조(觀照)만 할지니라."

바로 이것이 그동안 모든 말씀을 다 결론을 지어 말씀해 주신 사구게이다. 여기서 일체 유위법이라고 하는 것은 밖으로 나타난 모든 현상세계와 우리 마음속에 형성된 일체 소견이나 사상 등을 말한다. 그런 자연 현상이나 마음속의 어떤 관념과 상과 같은 유위법이 있다고 하면 그 모든 것들은 꿈과 같고, 환술과 같고, 거품과 같고, 그림자와 같다는 말씀이다. 그래서 몽환포영(夢幻泡影)이다. 이것은 잠시 일어났다가 금방 사라져버릴 것이고 뿌리가 없는 것이기 때문에 끝내 붙잡을 수 없는 것이고 붙잡아 봤자 허망한 것이라는 뜻이다.

그래서 이슬과 같고 또한 우뢰와 같다는 말씀이다. 우뢰나 번개가 굉장하게 이 천지를 한 번 휘몰아친다 하더라도 번개는 번개일 뿐이다. 그 때가 지나고 나면 아무것도 없다. 그래서 허망한 것이다. 이슬과 같고 또 번개와 같으니 응용할 때에 마땅히 이와같이 관조하라는 것이다. 현실에서 모든 응화하는 현상들이 거품과 같고 실상이 아니라는 관점을 가지라는 뜻이다.

육조께서는 이렇게 말씀하셨다. " '몽(夢)'이란 망념된 몸이요, '환(幻)'이란 망념된 생각이고, '포(泡)'란 번뇌며, '영(影)'이란 업장이라, 몽환포영을 유위법이라 명(名)함이니, 진실은 명과 상을 떠난 것이요, 깨달음이란 모든 업이 없는 것이니라." 꿈이라고 하는 것은 망령된 몸이다. 이 몸은 실상이 아니다. 환이란 망념을 말한다. 망념이라는 것은 참으로 허황한 것이다. 포라고 하는 것은 번뇌다. 번뇌는 금방 일어났다 사라지고, 다시 일어났다 사라진다. 영이라고 하는 것은 그림자인데 업장이라 하셨다. 그림자가 몸뚱이를 따라 다니듯 업장이 우리 몸을 따라 다닌다는 뜻이다.

그런데 그것은 아무리 대단한 것 같아도 진실한 것이 아니라는 뜻이다. 명상을 다 떠나 깨쳐서 모든 업(유위법)을 잠재워 버려야 그 자리가 실상자리란 말씀이다. 소태산 대종사께서도 그 참 실상 자리를 관조로써 깨쳐 얻으라 하셨다.

佛說是經已 長老須菩提 及諸比丘比丘尼 優婆塞優
불설시경이 장로수보리 급제비구비구니 우바새우
婆夷 一切世間天人阿修羅 聞佛所說 皆大歡喜 信受
바이 일체세간천인아수라 문불소설 개대환희 신수
奉行
봉행

"부처님께서 이 경 설하시기를 마치시니 장로 수보리와 모든 비구, 비구니들과 우바새 우바이들과 일체 세간 천인 아수라까지도 부처님의 법설을 듣고 다 크게 기뻐하여 믿고 받고 받들어 행함이니라."

이와 같이 부처님께서 법문을 설하시니 재가, 출가와 일체 세간 천인 아수라 허공법계가 크게 즐거워서 신수봉행한다고 했다. 이는 우리도 부처님께 신성을 바치고 그 말씀을 받아서 굳게 간직하고 받들고 그것을 수행의 실상으로 더위잡아서 실행하라는 뜻이다.

이렇게 하여 《금강경》을 마치게 되지만 우리는 다시 무엇을 알았다는 상이 없는 자리로 돌아가야 하는 것이다. 다음에는 이러한 《금강경》의 결론을 소태산 대종사님의 게송으로 정리할 것이다.

71강

《금강경》을 마무리 지으며

일원상 게송, 6단계 공부

좌산 상사는 《금강경》 법문을 해 주시며 소태산 대종사님의 게송이 곧 《금강경》의 결어라고 강조했다. 따라서 좌산 상사의 '일원상 게송 6단계 공부' 법문을 통하여 그동안의 《금강경》 강의 핵심을 마음에 다시 새겨 보자.

"유(有)는 무(無)로, 무(無)는 유(有)로 돌고 돌아 지극(至極)하면 유와 무가 구공(俱空)이나 구공 역시 구족(具足)이라." 소태산 대종사께서는 당신이 대각하신 바를 이 게송에 모두 담아 주셨다. 그래서 게송은 진리적으로, 신앙적으로, 수행적으로 다양하게 해석할 수 있고 공부하는 사람의 관점과 근기에 따라 많은 깨우침을 준다. 좌산 상사는 《금강경》 6단계 체득하는 길을 다음과 같이 밝혔다.

1단계 '유는 무로'는 "현실 있는 데에서 일체선법(一切善法) 열심히 활동하고 갖추고 장만하나 거기에 집착상을 다 놓아 버리고 없는 데로 돌아가 안주하며"라 하셨다. 곧 현실을 무시하는 것이 아니라 현실에서 심신을 잘 활용하여 한없는 복을 지으라, 짓고 나서 그에 대한 흔적을 없이 하라, 텅 빈 본래 마음으로 돌아가라는 뜻이다.

2단계 '무는 유로'는 "아무것도 없는 그 자리에서 초연히 유유자적하다가 기틀 따라 있는 곳에 나타나 종횡무진하는 경륜을 다듬고 펼치고"라 하셨다. 다시 그 자리에 머물지 않고 텅 빈 본래 마음, 불심으로 현실에서 광대무량한 낙원 세상을 건설하라는 뜻이다.

3단계 '돌고 돌아'는 "그러나 그 어느 한 지점에서도 정지하지 아니하고 계속 돌려서 끝이 없게 하여 가면"이라 하셨다. 마음이 어느 한 곳에 머무르면 썩게 된다. 유에 빠져도 타락하고, 무에 빠져도 쓸모 없는 사람이 되어 버린다. 그러므로 끊임없이 돌고 돌아야 하는 것이다. 지금 일원상의 진리가 이 세계를 그렇게 건설하고 있다.

4단계 '지극하면'은 "그 공부는 점점 깊어져서 드디어는 지극한 자리 무등등한 자리에 도달이 되나니"라 하셨다. 우리는 조금 무엇을 알면 그것이 최고인 줄 알고 거기에 빠져버리고 참으로 지극한 경지에 도달하지 못하곤 한다.

5단계 '유와 무가 구공이나'는 "비록 도달이 되었다 하나 유에서도 유가 없고, 무에서도 무가 없어, 한 흔적도 남아 있지 않으며"라 하셨다. 우리도 일체 만사 대불사를 하되 한 바가 없고, 함이 없는 자리에 머물되 머무른 바가 없는 경지에 도달해야 하는 것이다.

6단계 '구공 역시 구족이라'는 "모두 다 비었으되 공적영지의 광명과 대기대용의 경륜과 여래지혜덕상이 원만구족한 경지에 이른다."고 하셨다. 결국 여래의 경지에 이르는 것이다. 자칫 《금강경》 공부를 없는 자리에만 머무르는 것을 제일로 생각할 수 있다.

대산 종사는 "《금강경》 공부를 하는 사람은 마치 좋은 옷감으로 옷을 해서 입는 것과 같다."고 하셨다. 옷감이 좋을수록 티끌, 먼지가 쌓여도 툭툭 털어버리면 깨끗한 그대로이듯 마음에 흔적이 없다는 뜻이다. 우리 모두 《금강경》 공부로 흔적 없는 여래행을 잘 닦아나가기를 바란다.

때가 되면 꽃이 피니라

■

엮은이 | 이양신

■

초판 1쇄 2018년 9월 13일
초판 2쇄 2018년 10월 25일

■

펴낸이 | 길명수
펴낸곳 | 배문사
출판등록 1989년 3월 23일, 제10-312호
주소 서울시 서대문구 경기대로 76
전화 (02)393-7997
팩스 (02)313-2788
e-mail pmsa526@empas.com

■

ISBN 978-89-87643-66-3(02220)

값 12,000원